Wild Places

SCHWEDEN

Die schönsten Naturerlebnisse fernab des Trubels

Wild Places
SCHWEDEN

Die schönsten Naturerlebnisse fernab des Trubels

BRUCKMANN

INHALT

↓ Schwedens Natur hat viele Gesichter (von links nach rechts): rote Häuschen im Meeresnationalpark Kosterhavet, zwei Steinstrände auf Gotland, Urlaubsstimmung auf der kleinen Insel Ven und Wandern im nördlichen Nationalpark Abisko.

↑ Diese urigen Fischerhütten stehen auf der Ostseeinsel Fårö.

↑ In Nordschweden hat man richtig gute Chancen auf Nordlichtsichtungen.

AN DER WESTKÜSTE 102

MITTELSCHWEDEN 134

↓ In Schweden ist es nie weit in die Natur (von links nach rechts): Kivik in Österlen, Mora am Siljansee, eine Windmühle und Meerblick auf der Insel Öland, ein Wanderweg durch den Ökopark Omberg.

Pure Faszination im hohen Norden: Das Nationalparkhaus Naturum Laponia erleichtert den Einstieg in die unberührte Natur von Lappland.

0
100 km
N
Europäisches
Nordmeer
Torneträsk
Nationalpark Abisko
43
Abisko
Kebnekaise
44
Kiruna
Nikkaluota
Nationalpark Stora Sjöfallet
45
Vietas
Nationalpark Padjelanta
47
46
Stora Lulevatten
Nationalpark Sarek
Bodø
Randijaure
48
Nationalpark Muddus
Jokkmokki
Rovaniemi
RUSSLAND
50
Luleå
49
Nationalpark Haparanda Skärgård
Storavan
Arvidsjaur
Piteå
Sorsele
Oulu
Storuman
SCHWEDEN
Skellefteå
Raahe
Vilhelmina
Lycksele
Dorotea
Umeå
FINNLAND
Örnsköldsvik
Vaasa/Vasa
40
Åre
Östersund
42
Nationalpark Skuleskogen
Trondheim
Höga Kusten Turistservice
41
Härnösand
Ålesund
Fundäsdalen
Sundsvall
Bottenhavet
Svegsjön
Norre Dellen
Tampere
Pori
Björneborg
Hudiksvall
Nationalpark Fulufjället
39
NORWEGEN
Söderhamn
HELSINKI/HELSINGFORS
Lillehammer
Mora
Siljan
36
Gävle
Turku/Åbo
Bergen
Borlänge
Golf von Finnland
Linné-Garten Uppsala
20
Roslagen Live
21
Uppsala
Norrtälje
Tallinn
Oslo
22
Ängsö
Glaskogens naturreservat
37
Västerås
Königlicher Nationalstadtpark
16
Nackareservatet
Peipussee
17
23
Sandhamn
Hjälmaren
STOCKHOLM
Nationalpark Tresticklan
Schäreninseln
Örebro
18
25
Gålö naturreservat
ESTLAND
35
34
Dalslands
38
Nationalpark Tyresta
24
Utö
Tartu
Stavanger
Nationalpark Kosterhavet
31
Bengtsfors
Nationalpark Tiveden
Stendörren
19
Oxelösund
Tanumshede
30
Tanum
Vänern
11
33
Kinnekulle
Norrköping
Ramsviksladet
29
Götene
Vättern
10
Linköping
15
Fårö
Kungshamn
32
Hornborgasjön
Vogelsee Tåkern
Skagerrak
Tjörn
28
Sommen
Borås
9
Västervik
Stora Karlsö
Visby
RIGA
Göteborger Schärengarten
27
Göteborg
Jönköping
14
Gotland
8
Oskarshamn
13
LETTLAND
7
Nationalpark Store Mosse
Læsø
Hallands län
26
Bolmen
Alvesta
Öland
Daugavpils
Falkenberg
Kalmar
Åsnens Nationalpark
6
12
5
Blekinge
LITAUEN
Kullen
1
Helsingborg
Klaipeda
3
Söderåsens Nationalpark
Karlshamn
2
Ven
OSTSEE
KOPENHAGEN
Simrishamn
4
Österlen
Malmö
Kaunas
Vilnius
NORDSEE
DÄNEMARK
Kaliningrad

VORWORT

EIN LAND FÜR AKTIVE

Kaum ein Volk pflegt einen so naturnahen Lebensstil wie die Schweden. Dank des Jedermannsrechts dürfen auch Besucher die herrliche Landschaft genießen und sich in der Speisekammer von Mutter Natur bedienen. Zwischen dem flachen Süden, den zerklüfteten Schärenwelten und dem wilden Fjäll wartet eine unglaubliche Vielfalt.

← Am Åsnen erlebt man im September eine spektakuläre Laubfärbung.
↙ Die Hügel von Brösarp locken Naturfreunde in den südschwedischen Landstrich Österlen.

Unternehmungen wie Bootfahren, wildes Zelten, Pilzesammeln und Kochen am Lagerfeuer sind für die Schweden ganz selbstverständlich. Viele verbringen ihren Jahresurlaub in einem Häuschen auf einer einsamen Insel – manchmal ohne Strom und fließendes Wasser. In der Natur finden sie ein lebenswichtiges Gegengewicht zu den Herausforderungen des Alltags. Etwa ein Viertel der Schweden lebt mittlerweile in Städten, doch die Sehnsucht nach der Freiheit im Grünen liegt selbst Anzugträgern im Blut. Und so widmen viele Schweden einen Großteil ihrer Freizeit dem *friluftsliv* – ein Sammelbegriff für »Leben an der frischen Luft«. Das müssen keine Wanderungen sein, bei denen man an seine Grenzen geht. Eine Paddeltour auf dem nächsten Gewässer nach Feierabend, ein Ausflug ins Naherholungsgebiet am Stadtrand oder ein sonniger Nachmittag beim Eisfischen im Winter – es sind die sanften Abenteuer, die das Fundament des *friluftsliv* bilden.

Aber genauso bietet Schweden beste Voraussetzungen für längere Unternehmungen, die entsprechend vorbereitet werden müssen. Zum Glück sind die meisten Naturgebiete gut erschlossen: Da gibt es ausgeschilderte Wanderwege, Picknickplätze und präparierte Feuerstellen sowie Schutzhütten, die oftmals gratis genutzt werden können.

Nachhaltiger Tourismus

Diese rustikale, aber flächendeckende und funktionale Infrastruktur in der Natur haben wir dem Wanderverein »Svenska Turistföreningen« (STF) zu verdanken. Er wurde 1885 von Geologiestudenten aus Uppsala gegründet, um die schwedische Bevölkerung für die landschaftliche Vielfalt zu begeistern. Ursprünglich ging es um die touristische Erschließung Lapplands durch das Anlegen von Wanderwegen und die Errichtung von Berghütten *(fjällstationer)*. Mittlerweile sind rund 250 Unterkünfte im ganzen Land an den Verein angeschlossen, die für nachhaltigen Tourismus stehen. Viele davon sind gemütliche Herbergen in Gebäuden, die früher eine andere Funktion hatten, darunter Leuchttürme und Bauernhöfe.

Naturgenuss für jedermann

Das uralte Jedermannsrecht (auf Schwedisch *allemansrätten*) erlaubt buchstäblich jedermann, sich frei in der Natur zu bewegen. Auch auf privatem Grund darf gewandert, gezeltet und gebadet werden. Dabei gilt die Faustregel »Nicht stören und nichts beschädigen«. Man respektiert die Privatsphäre der Bewohner und lässt in der Natur nichts als Fußabdrücke zurück. Außerdem ist zu bedenken, dass motorisierte Fahrzeuge ausnahmslos vom Jedermannsrecht ausgenommen sind. Das bedeutet, dass Autos, Wohnmobile und auch E-Bikes abseits der Straßen und der ausgewiesenen Parkplätze nichts verloren haben.

Natürlich bereichern auch die regionalen Spezialitäten den Urlaub in Schweden. Jeder Landesteil hat seine kulinarischen Eigenheiten, die die jeweiligen klimatischen und geografischen Gegebenheiten widerspiegeln. Während der fruchtbare Süden mit einer nahezu kontinentalen Küche, allerlei Obst und sogar Wein aufwartet, reizt die arktische Region mit aromatischen Beeren und Rentiergerichten. Und vor der Westküste holen Fischer Meeresfrüchte von Weltklasse aus dem klaren Wasser.

Mit seiner enormen landschaftlichen, kulinarischen und kulturellen Vielfalt erscheint Schweden wie mehrere Länder in einem. Man sollte sich Zeit nehmen, um dessen schönste und wildeste Ecken zu entdecken. Dieses Buch soll ein Wegweiser zu 50 besonderen Naturgebieten sein. Manche offenbaren sich in wenigen Stunden, andere verlangen ihren Gästen mehrere Tage ab. Und alle werden von Tipps zu lohnenden Angeboten und Zielen begleitet, die man unbedingt erlebt haben sollte, wenn man schon mal in der Nähe ist.

Trevlig resa! Lisa Arnold

Zwei Drittel von Schweden sind von Wald bedeckt und vielerorts hat man die Natur für sich alleine.

WILLKOMMEN IN SCHWEDEN

AB INS GRÜNE

Schweden ist mit seinen Laub- und Nadelwäldern, Seen, Inseln und dem wilden »Fjäll« ein Sehnsuchtsziel für Urlauber, die die Einsamkeit in der Natur suchen. Hier ein paar wichtige Fakten zum Land:

Dünn besiedelt

Mit einer Fläche von gut **450.000 Quadratkilometern** ist Schweden **das drittgrößte Land** der Europäischen Union. Doch dieses große Land teilen sich vergleichsweise wenige Leute: nur etwa **10,5 Millionen Einwohner**. Durchschnittlich findet man auf einem Quadratkilometer also bloß 23 Menschen. Damit beträgt die Bevölkerungsdichte gerade einmal ein Zehntel jener von Deutschland. So erklärt sich, warum Schweden ein Paradies für Naturliebhaber ist: Weite Teile des Landes sind sehr dünn (oder gar nicht) besiedelt.

Wald & Wasser

Nur drei Prozent der Landesfläche sind bebaut, während zwei Drittel von Wald bedeckt sind. Hinzu kommen die 100.000 Seen, die mindestens einen Hektar groß sind und zusammen ein knappes Zehntel von Schweden ausmachen.

30 Nationalparks

Zusammengenommen schützen sie rund 7000 Quadratkilometer Landesfläche. Als der schwedische Reichstag im Jahr 1909 die ersten neun Parks einrichtete, war Schweden das erste Land in Europa, das dem amerikanischen Vorbild folgte. Die drei größten Nationalparks liegen im hohen Norden: Padjelanta, Sarek und Stora Sjöfallet (zwischen 127.000 und knapp 200.000 Hektar).

1572 Kilometer

... beträgt die Luftlinie zwischen Schwedens Süd- und Nordspitze. Der südlichste Punkt ist Smygehuk in Skåne, der nördlichste Zipfel heißt Treriksröset. Dort befindet sich auch das Dreiländereck, wo Schweden, Norwegen und Finnland aneinandergrenzen.

Monarchie

Seit 1973 ist König Carl XVI. Gustaf das Staatsoberhaupt Schwedens. Allerdings hat er überwiegend repräsentative Aufgaben. Die Thronfolgerin ist Kronprinzessin Victoria von Schweden.

6. Juni

Der schwedische Nationalfeiertag wurde im Jahr 1893 von Artur Hazelius gestiftet, dem Gründer des Freilichtmuseums Skansen und des Nordischen Museums in Stockholm. Die Wahl fiel auf den 6. Juni zum Andenken an Gustav Vasa: An diesem Tag im Jahr 1523 wurde Vasa zum König von Schweden gewählt.

15 Welterbestätten

Die UNESCO hat seit den 90er-Jahren 15 Orte in Schweden zum Welterbe erhoben. Der erste Beitrag war 1991 das Schloss Drottningholm in Stockholm. Im Jahr 2000 wurde schließlich die Hohe Küste zum Weltnaturerbe ernannt. Das Welterbe Laponia im hohen Norden ist Europas größte zusammenhängende Landschaft mit unberührter Natur.

König des Waldes

Schweden hat mit ca. 300.000 Tieren den größten Elchbestand in Europa. Sie sind aber auch für sehr viele Verkehrsunfälle verantwortlich. Wegen ihrer hohen Reproduktionszahl wird jährlich bis zu einem Viertel des Bestandes erlegt.

270.000 Inseln

Diese Anzahl wurde in Schweden zumindest ungefähr gezählt. Würde man sie zusammenlegen, ergäbe das 1,2 Millionen Hektar – ganze drei Prozent der schwedischen Landesfläche. Doch nur ein winziger Bruchteil davon ist dauerhaft bewohnt: knapp tausend Inseln. Es liegen auch nicht alle Inseln im Meer, im Gegenteil: Gut sechs von zehn befinden sich in Gewässern im Inland, die meisten davon in der Provinz Norrbotten. Die zwei größten Inseln – Gotland und Öland – liegen vor der südlichen Küste in der Ostsee.

Die Fischersiedlung Nyhamns fiskeläge auf der Insel Gotland, nördlich der Hauptstadt Visby

SÜD-SCHWEDEN

Inseln, Nationalparks
und »Bullerbü«-Romantik
in der entspannten Urlaubsregion

1

RAUE NATURSCHÖNHEIT

DIE KULLABERG-HALBINSEL

Eine schroffe Steinküste, urige Wälder, Meerblick vom Leuchtturm und Dörfer mit Urlaubsflair: Die Halbinsel Kullen im Nordwesten von Schonen wartet mit einer vielseitigen Landschaft und zahlreichen Fotomotiven auf. Wer gut zu Fuß ist, sollte die Möglichkeiten zum Wandern nutzen.

An der schonischen Westküste ragt die dreiecksförmige Halbinsel Kullen ins Kattegat. Von der Bucht Skälderviken bis zum Ende der Landzunge sind es etwa 20 Kilometer, doch es ist die Spitze mit dem Kullaberg, die Besucher mit der abwechslungsreichen Natur und den atemberaubenden Aussichten in ihren Bann zieht. Der Kullaberg zeichnet sich durch eine magere und artenarme Vegetation aus, was sowohl am nährstoffarmen Gneis-Grundgestein als auch an der früher intensiven Landnutzung liegt. Eine Ausnahme bildet die Vegetation auf den nährstoffreicheren subvulkanischen Gesteinsarten, in Feuchtgebieten und auf den exponierten Klippen. Das macht den Kullaberg zu einer abwechslungsreichen Landschaft, wo etwa 70 Prozent aller schwedischen Pflanzenarten außerhalb der Berge vorkommen. Die Laubwälder bestehen größtenteils aus Eichen, Linden, Eschen und Ulmen. Die Felsformation ist stellenweise hundert Meter hoch; am Rand stürzt sie steil ins Meer. Im Laufe der Jahrtausende haben die Wellen über 20 Höhlen ausgespült, die man allesamt per Boot erreichen kann. Die vier am meisten besuchten Höhlen heißen Silver-, Lahibia- und Visitgrottan sowie Stórre Josefinelustgrottan.

← Der Leuchtturm Kullens fyr erhebt sich auf dem westlichen Zipfel der Kullahalbinsel.

Am äußersten Zipfel des Kullabergs befinden sich der Leuchtturm Kullens fyr und das informative Besucherzentrum Naturum. Wem die Zeit oder Energie für eine Wanderung fehlt, der kann läppische 400 Meter entfernt parken und den sehenswerten Ort mit wenig Aufwand erleben. Es lohnt sich wirklich, über die Felsen zu kraxeln und Fotos zu machen. Und je später am Abend man diesen westlichen Punkt besucht, desto schmeichelhafter wird das Licht. Der 1900 fertiggestellte Leuchtturm hat die höchste Feuerhöhe des Landes (78,5 Meter). Der stattliche Bau erinnert an einen Burgturm, und die drei riesigen optischen Linsen, die sich in der Kuppel unentwegt drehen, bieten aus der Nähe einen nahezu unwirklichen Anblick. Gleich daneben – im ehemaligen Wohnhaus des Leuchtturmwärters – ist das Besucherzentrum Naturum eingerichtet. In ganz Schweden gibt es etwa 30 solche »Naturräume« bei Naturschutzgebieten oder Nationalparks. Im Inneren berichtet eine Ausstellung bei freiem Eintritt über die Flora, Fauna und Geologie der jeweiligen Region … so auch hier: Die Ausstellung »Tor zum Kullaberg« erklärt das umliegende Naturschutzgebiet vom Himmel bis zum Meeresgrund.

Zwei malerische Küstendörfer

Am Fuße des Kullabergs liegt auf der Westseite das Seebad Mölle mit dem hoch aufragenden Grand Hôtel. Wie sich der Ort mit weiß verputzten Häusern an den Hang schmiegt, wirkt er auf den ersten Blick wie ein Dorf am Mittelmeer. Auch die »Italienische Straße« (Italienska vägen), die aus Mölle heraus und zur Spitze des Kullabergs führt, bezeugt, dass schon die ersten Touristen im späten 19. Jahrhundert bei dem Badeort an den Süden dachten. Während in Deutschland Frauen und Männer bereits um 1900 gemeinsam baden gingen (natürlich in gestreiften Badeanzügen), erreichte der Trend Schweden erst um 1905 – und zwar hier. Die »Sünde von Mölle« ließ sich gut vermarkten, und der Ort zog nicht nur schwedische, sondern auch dänische und deutsche Urlauber an. Sogar Kaiser Wilhelm II. legte dort mit seiner Jacht an, und eine Zeit lang gab es einen Direktzug nach Berlin. Heute, ein gutes Jahrhundert später, ist Mölle ein ruhigerer Urlaubsort, der jedoch nichts von seinem Charme verloren hat: Die Nähe zur Natur und die malerischen Wege mit Meerblick schenken noch immer vielen Besuchern Erholung.

Eher ein Insidertipp ist hingegen der Ort Arild an der Nordseite der Halbinsel Kullen. Das gut erhaltene Fischerdorf mit zwei Hotels, Hafen und Badestellen verspricht ebenfalls Entschleunigung. Im Mittelalter pilgerten Gläubige zur Quelle des Heiligen Arild, woran eine Fischerkapelle aus der Zeit um 1400 erinnert. Wer wissen möchte, wie Wein aus Schweden schmeckt, kann sich auf dem Weingut Arilds Vingård zu einer Verkostung anmelden oder dessen Flaschen in der nächsten Filiale von Systembolaget suchen. Ab-Hof-Verkauf ist in Schweden aufgrund des staatlichen Alkoholmonopols nicht erlaubt.

Wandern mit Meerblick

Zwischen Arild und Mölle verläuft ein 16 Kilometer langer Wanderweg um die Spitze des Kullabergs. Wer gut zu Fuß ist, erlebt auf dieser Strecke alle Reize der felsigen, bewaldeten Küstenlandschaft. Ein Abstecher lohnt sich zu »Nimis«, einer umstrittenen Holzskulptur des schwedischen Künstlers Lars Vilks (1946–2021). 20 Jahre lang baute er an der begehbaren Treibholzburg, wobei er rechtliche Konflikte mit den Behörden als Teil des künstlerischen Prozesses ansah. Der Wanderweg ist ein Abschnitt des sogenannten Kullaleden, der über 70 Kilometer von Helsingborg nach Utvälinge führt. Dieser gehört wiederum zum Wegenetz Skåneleden, das sich über tausend wanderbare Kilometer durch die gesamte Provinz Schonen zieht. Doch nur der Kullaleden erfüllt die Kriterien des Leading Quality Trail, eines Gütesiegels des europäischen Wandervereins ERA. Das Zertifikat bezeugt nicht nur die durchgängige Begehbarkeit des Pfades, sondern auch ein gewisses Angebot an Erlebnissen, Unterkünften und Verpflegung unterwegs.

↖ Das beschauliche Dorf Arild liegt am Nordufer der Halbinsel Kullen.
← Der Urlaubsort Mölle schmiegt sich an den Hang, über dem das Grand Hotel thront.
↗ Der Kullaberg zeichnet sich durch eine abwechslungsreiche Natur und felsige Hänge aus, in denen sich Höhlen verbergen.

INFO

ERLEBEN
Der Veranstalter Kullabergsguiderna hat für Individualreisende Höhlenwanderungen und das Abseilen von den Klippen im Programm. Außerdem geht es im RIB-Boot auf Tümmlersafari, wahlweise vom Naturum Kullaberg oder vom Hafen in Mölle. Die einstündige Fahrt kann auch mit einem Stopp beim Kunstwerk Nimis kombiniert werden (www.kullabergsguiderna.se). Zum Wanderweg Kullaleden stehen auf der Website Informationen auf Deutsch zur Verfügung.
www.kullaleden.se/de

EINKEHREN
In der »Blumentopfmacherei« von Mölle (Mölle Krukmakeri) sitzt man bei schönem Wetter im lauschigen Garten. Der Reiz der Adresse liegt in ihrer kreativen, ungezwungenen Atmosphäre: Als Speisekarten dienen Schallplattencover, überall ist dezent dekoriert, und im dazugehörigen Laden kann man Keramik kaufen. Zum Essen gibt es Pizza und Kuchen.
www.mollekrukmakeri.se
Fast zu idyllisch, um wahr zu sein, wirkt das Café Flickorna Lundgren På Skäret: Vor einem reetgedeckten Haus im Grünen erstreckt sich ein Garten voller Tische und Stühle. Der herzhafte Eierkuchen *(Äggakaka)* ist ein typisch schonisches Gericht (Skäretvägen 19, Nyhamnsläge.
www.flickornalundgren.se

Das Bistro »Mölle Krukmakeri« lockt mit einer entspannten Atmosphäre, gutem Essen und netten Andenken.

2

EINSAM ZWISCHEN SCHWEDEN UND DÄNEMARK

DIE INSEL VEN

In der Meerenge Öresund erhebt sich die Insel Ven steil aus dem Meer und bildet ein fruchtbares Plateau mit Natur, Feldern und kleinen Siedlungen. Bei einem Tagesausflug mit Boot und Fahrrad verliebt sich so ziemlich jeder in das friedliche Eiland, das sich ganz einfach erkunden lässt.

An der schonischen Küste, zwischen Malmö im Süden und Helsingborg im Norden, liegt die Hafenstadt Landskrona. Mit ihrer Burg und den geschichtsträchtigen Schrebergärten ist sie definitiv einen Spaziergang wert. Doch die meisten Besucher kommen dorthin, um südlich vom Zentrum zu parken und auf die Fähre nach Ven zu steigen. Nach der halbstündigen Überfahrt findet man sich auf einer Insel wieder, die auf einer Fläche von knapp acht Quadratkilometer ländliche Idylle im Kleinformat bereithält. Der übliche Ablauf des Tagesausflugs (man kann aber auch übernachten) sieht vor, dass man nach der Ankunft am Hafen Bäckviken Hamn auf das 45 Meter hohe Plateau aufsteigt und sich oben ein Fahrrad mietet. Beim einzigen Anbieter – Vens Cykeluthyrning – warten Hunderte gelbe Drahtesel auf die Besucher. In einer Viertelstunde radelt man auf der »Hauptstraße« Landsvägen einmal quer über das Plateau, und in einer Stunde hat man es locker umrundet. Unterwegs gibt es aber natürlich reichlich Gelegenheiten zum Anhalten.

Sternengucker und Spirituosen

Der erste Stopp bietet sich bei den historischen Sehenswürdigkeiten in der Siedlung Tuna By in der Mitte der Insel an. Denn der berühmteste Bewohner war der Astronom Tycho Brahe (1546–1601) – übrigens ein Däne, denn Ven gehörte, wie der Rest von Skåne und weitere Teile Südschwedens, bis 1658 zu Dänemark. Von König Friedrich II. von Dänemark ließ sich Brahe die Sternwarte Uraniborg und das unterirdische Observatorium Stjerneborg finanzieren. In Letzterem kann man sich heute Multimedia-Vorführungen ansehen. Die entweihte Kirche St. Ibb beherbergt eine informative Ausstellung in außergewöhnlicher Umgebung.

Aber auf Ven wird nicht nur Wissensdurst gestillt, sondern auch leiblicher Hunger. Von den Feldern der Insel kommen Zutaten, die vor Ort verwertet werden. So verarbeitet etwa die Bäckerei Hven Durum Hartweizen aus eigenem Anbau, gemahlen in der eigenen Mühle, und die Brennerei Spirit of Hven Roggen, Mais und mehr zu preisgekrönten Whiskys, deren Namen, etwa »Tycho's Star«, an den wissbegierigen Weltallforscher erinnern. An der Westseite der Insel, die Dänemark zugewandt ist, erhebt sich der »Kirchenhügel« (Kyrkbacken). Auf dem höchsten Punkt steht die mittelalterliche Kirche St. Ibb, die – im Gegensatz zum Nachfolgebau im Dorf Tuna – noch aktiv ist. Zu ihren Füßen liegt ein kleiner Hafen mit Bootsschuppen, in denen Gaststätten untergebracht sind, darunter das Fischrestaurant Fiskboden.

← Der »Kirchenhügel« auf der westlichen Seite von Ven verdankt seinen Namen dem weiß leuchtenden Gotteshaus (allerdings ohne Turm).
↓ Die Brennerei Spirit of Hven steht für Whisky erster Güte. In der Bar kann man kosten.

INFO

ANREISE

Die Reederei, die Landskrona mit Ven verbindet, heißt schlicht Ventrafiken. Sie fährt täglich neunmal hin und her, im Sommer (Ende Juni bis Mitte Aug.) sogar noch öfter. Die Überfahrt dauert eine halbe Stunde. Man kann die Fahrkarten entweder über die Website lösen oder vor Ort am Terminal. Kinder bis 5 Jahre fahren umsonst mit, eigene Fahrräder können für umgerechnet 12 € (hin und zurück) mitgenommen werden. www.ventrafiken.se

ÜBERNACHTEN

Um das friedliche Flair auszukosten und den Sonnenuntergang über Dänemark zu beobachten, kann man auf Ven auch übernachten. Das älteste Gästehaus der Insel liegt in der Mitte und heißt heute House of Ven. Wer stattdessen lieber am Wasser wohnt, kann sich im Hostel Vens Vandrarhem günstig einmieten. Charmant sind außerdem die Häuschen mit Hotelstandard bei Spirit of Hven Backafallsbyn. www.houseofven.com, www.vensvandrarhem.se, www.backafallsbyn.se

3

HARTER BROCKEN

NATIONALPARK SÖDERÅSEN

Der 2001 gebildete Nationalpark Söderåsen kennt alle Höhen und Tiefen der südschwedischen Natur: Mal steht man am Grund eines tiefen Spaltentals, mal überblickt man das üppige Grün von einem hohen Plateau. Die facettenreiche Landschaft verdanken wir den Bewegungen der Erdkruste von 150 Millionen Jahren.

Die sonst eher flache Provinz Skåne zeigt sich im Nationalpark Söderåsen von ihrer dramatischen Seite. Zu jeder Jahreszeit hat er genug zu bieten, um sich nach der Anreise die Beine zu vertreten (90 Autominuten von Trelleborg) und einen oder mehrere Wandertage zu füllen. Von mehreren Aussichtspunkten überblickt man eine Landschaft mit dicht belaubten Buchenwäldern, tiefen Schluchten und glitzernden Wasserläufen. Für die zerfurchte Landschaft sind Kollisionen der Kontinentalplatten verantwortlich: Als Afrika auf Europa traf (damals, als es in Südschweden auch noch Dinosaurier und aktive Vulkane gab), wuchsen die Felsen in die Höhe. Bei einem späteren Zusammenstoß riss das Gelände auf, wodurch sich mehrere Spalten bildeten. Die einst monumentalen Felswände wurden von den darauffolgenden Eiszeiten zerkleinert: Über Jahrtausende sickerte Wasser durch Ritzen und Löcher ins Gestein, dehnte sich beim Gefrieren aus und sprengte einen Block nach dem anderen aus dem Fels. Deswegen sind im Nationalpark Söderåsen viele Stellen von Geröll bedeckt – was aber nicht bedeutet, dass man über kahle Brocken wandert. Ganz im Gegenteil: Das wilde Paradies hat Edellaubholzwälder von einer Größe, die im Rest Europas ihresgleichen sucht. Und auf den Steinen gedeihen allerlei Moose (an schattigen Nordhängen) und Flechten (im sonnenbeschienenen Süden).

Ein Aussichtspunkt – sechs Aufgaben

Ein absolutes Muss ist der Aufstieg auf den 90 Meter hohen Aussichtspunkt Kopparhatten (»Kupferhöhe«), von wo man den besten Blick über das grüne Tal Skäralidsdalen hat. Am Haupteingang des Nationalparks (bei Skäralid) startet der vier Kilometer lange Rundweg Kopparhattsrundan, der kürzeste Fußweg zum Aussichtspunkt. Daneben sind weitere längere Wanderpfade vorbereitet, außerdem kommt man mit dem Auto auf die Anhöhe. Auch das Wegenetz Skåneleden, das sich durch die gesamte Provinz zieht, passiert den Nationalpark. Um diesen in seiner ganzen Vielfalt zu erleben, sollten sich Besucher folgende sechs Dinge vornehmen: im Besucherzentrum Naturum vorbeischauen; dem Plätschern des Wassers an Bächen und Quellen lauschen; Überbleibsel früher Bewohner entdecken (etwa eine Steinmauer oder alte Kate); mit der Hand über verschiedene Moose streichen; einen typischen Geröllhang fotografieren; und einen abgestorbenen Baum inspizieren. Das Holz steckt voller Leben: Zahlreichen Insekten, Pilzen und Vögeln dient es als Lebensraum.

INFO

ELCHE GUCKEN

Kein Naturutlaub in Schweden ohne Begegnung mit dem König des Waldes! In Südschweden gibt es einige Elchparks, in denen man die Tiere aus der Nähe oder bei einer Waldrundfahrt in ihrer natürlichen Umgebung sehen kann. Dem Nationalpark Söderåsen am nächsten liegt Söderåsens Älgpark, der von April bis Anfang November Elchsafaris anbietet. Eine halbe Autostunde weiter nordöstlich befindet sich der Alpaka- und Elchhof in Hulte. www.soderasensmoosepark.com, www.alpakahof.com

DRAISINE FAHREN

Zwischen Klippan und Ljungbyhed verläuft eine stillgelegte Bahnstrecke, die heute mit Draisinen befahren wird (hin und zurück 13 km). Die dreirädrigen Schienenfahrzeuge werden von April bis einschließlich Oktober vermietet, wobei nur während der Hochsaison (15. Juni bis 30. Aug.) täglich und für Spontanbesuche geöffnet ist. Eine telefonische Reservierung der gewünschten Startzeit (10, 13.30 oder 17 Uhr) ist immer ratsam (Tel. +46/435/44 17 73). www.veteranjarnvagen.se

← Im Nationalpark Söderåsen hat man von mehreren Aussichtspunkten einen guten Blick auf die von Schluchten durchzogene Landschaft.
↑ Unten in den Tälern fließen Bäche durch dichte Edellaubholzwälder.

4

LÄNDLICHES IDYLL MIT HÜGELN UND STRÄNDEN

ÖSTERLEN

Der Landstrich im Südosten von Skåne ist eine kleine Welt für sich. Zu seinen landschaftlichen Reizen zählen Sandstrände und üppige Obstplantagen, aber auch wanderbare Hügel und der Nationalpark Stenshuvud. In den hübschen Fischerdörfern findet man Anschluss an die Zivilisation.

Kein anderer Teil der südschwedischen Provinz Skåne hat so eine ausgeprägte Identität wie Österlen, der fast ovale Landstrich im Südosten. Er ist von landschaftlicher Schönheit, aktiver Landwirtschaft, einer geringen Bevölkerungsdichte und malerischen Küstendörfern geprägt. Neben einem über Jahrhunderte belegten, weit verbreiteten Eigennamen hat er auch eine Sonderstellung im schwedischen Wetterbericht, denn das meteorologische Institut teilt Skåne in Österlen und den Rest der Provinz ein.

Bereits im 17. Jahrhundert, als Skåne noch zu Dänemark gehörte, sahen die Menschen die Ebenen hinter der südöstlichen Küstenpartie als separates geografisches Gebiet an. Die einzige nennenswerte »Stadt« ist Simrishamn mit knapp 7000 Einwohnern. Der Rest von Österlen ist ländlich – und genau darin liegt sein besonderer Charme. Wer mit dem Auto unterwegs ist, sollte von Ystad (Kommissar Wallanders pittoreskem Revier!) an der Küste entlang bis nach Brösarp fahren. Die 80 Kilometer lange Panoramaroute verbindet ein Dutzend sehenswerte Orte.

Von mysteriös bis malerisch

Schwedens südlichste Sehenswürdigkeit ist die Schiffssetzung Ales Stenar (»Steine von Ale«) bei Kåseberga. Auf einem Landrücken sind 59 Steine so angeordnet, dass sie den 67 Meter langen und 19 Meter breiten Umriss eines Schiffs bilden. Man geht davon aus, dass dieses »schwedische Stonehenge« zwischen 500 und 1000 n. Chr. entstanden ist. Was genau man damit bezweckte, ist bislang nicht geklärt.

Von Kåseberga sind es nur zehn Kilometer bis nach Sandhammaren mit dem gleichnamigen Naturschutzgebiet und dem Vorzeigestrand Sandhammaren Havsbad. Der feine Sand und das türkisblaue Wasser erinnern an die Karibik, und auf den Dünen kann man sich herrlich sonnen. Dahinter wurde im 19. Jahrhundert ein Kiefernwald angepflanzt, damit der Sand nicht ins Hinterland geweht wird. Die Landschaft ist bis heute in ständiger Veränderung: Während der westliche Nachbarstrand stetig an Sand einbüßt, wachsen die Dünen von Sandhammaren immer weiter an. Zwischen Ales Stenar und Sandhammaren liegt übrigens Backåkra, das Sommerdomizil des ehemaligen FN-Generalsekretärs und Friedensnobelpreisträgers Dag Hammarskjöld (1905–1961). Er wollte sich dort – inmitten von Feldern – nach seinem internationalen Auftrag zur Ruhe setzen. Leider kam er aber vorher bei einem Flugzeugabsturz in Afrika ums Leben.

→ Die Schiffssetzung Ales Stenar bei Kåseberga gibt bis heute Rätsel auf.

INFO

DRAISINE FAHREN

In Österlen gibt es gleich zwei stillgelegte Bahnschienen, auf denen man Draisine fahren kann: zwischen Sankt Olof und Gyllebosjön (hin und zurück 14 km) sowie zwischen Tomelilla und Fyledalen (18 km). Man startet zu einer gewissen Zeit und hat dann drei bis vier Stunden Zeit, um die Strecke in beide Richtungen zu absolvieren (Infos und Reservierung: www.dressin.se). In Sankt Olof lässt sich die Draisinenfahrt mit der Dampfeisenbahn kombinieren. www.skanskajarnvagar.se

VOLKSFESTE

Um Ostern öffnen die Künstler und Handwerker in Österlen bei der »Kunstrunde« *(Konstrundan)* ihre Ateliers und Werkstätten. Ende August – am »Tag des Herings« *(Sillens dag)* – kommen in Simrishamn zahlreiche Genießer zusammen und essen Fisch an einer langen Tafel am Hafen. Und zur Erntezeit Ende September findet in Kivik der jährliche Apfelmarkt statt. Ein Höhepunkt ist das überdimensionale »Gemälde« aus Äpfeln in zahlreichen Gelb- und Rotnuancen. www.appelmarknaden.se

In Österlen – vor allem um Kivik – liegen mehrere Apfelplantagen, die Obst, Säfte und Wein hervorbringen.

Küstencharme mit »Äppelmust«

An der östlichsten Stelle, in Simrishamn und Brantevik, zeigt sich Österlen von seiner zivilisierten Seite. Die beiden Küstenorte verbindet ein Fünf-Kilometer-Spazierweg mit Meerblick. Wer früh aufsteht, kommt in den Genuss eines ungestörten Sonnenaufgangs, während man abends vor kleinen Kneipen draußen sitzen kann. Simrishamn selbst verzaubert seine Besucher mit pastellfarbenen Häuschen, Pflastergassen und Eisdielen am Hafen. Vor der mittelalterlichen Kirche St. Nicolai erinnert die Skulptur daran, dass über die Jahrhunderte zahlreiche Künstler in Österlen gewirkt haben. Sie stammt vom bekannten schwedischen Bildhauer Carl Milles (1875–1955). Zu seiner Zeit war die Kirche mit Zement verputzt, doch er erwirkte die Freilegung des ursprünglichen, regionstypischen Sandsteins durch die Gabe der Skulptur »Die Schwestern«. Und ein weiterer prominenter Schwede ist mit Österlen verbunden: Der Familienname von Alfred Nobel (1833–1896) ist auf den Ort Östra Nöbbelöv zurückzuführen, wo seine Vorfahren herstammten. Weil latinisierte Namen im Trend lagen, nannten sie sich zunächst Nobelius, später wurde abgekürzt. An der Panoramastraße liegt außerdem Kivik, das für seine Apfelplantagen bekannt ist. Dort ist die Kellerei Kiviks Musteri angesiedelt, die Schweden mit allerlei Säften, Limonaden und Apfelweinen versorgt. Der typische Direktsaft namens »Äppelmust« gehört bei einer Reise durch Österlen auf den Speiseplan.

Ein Berg und viele Hügel

Bei Kivik liegt außerdem der Nationalpark Stenshuvud. Der »Steinkopf« ist ein Urberg mit drei Gipfeln, von denen sich der nördlichste und höchste 97 Meter über das Meer erhebt. Drum herum breitet sich ein Laubwald mit Hainbuchen und Eichen aus. Weidetiere sorgen dafür, dass die Landschaft nicht zuwächst. Man kann den Nationalpark durch drei Eingänge betreten, wobei der mittlere mit dem Besucherzentrum Naturum der Haupteingang ist. Dort starten auch drei Wanderwege: zwei gemütliche Rundwege und ein zielgerichteter Aufstieg zum Aussichtspunkt auf dem Nordgipfel. Am langen Sandstrand kann man sich nachher herrlich abkühlen.

Für viele sind allerdings die Hügel von Brösarp (Brösarps backar) die landschaftliche Essenz der Region. Dort gedeiht auf kalkhaltigem Untergrund eine vielseitige Flora. Im Frühling bedeckt ein Meer aus Schlüsselblumen, Kuhschellen und Weißem Steinbrech die flacheren Südhügel, während die steileren, trockenen Hänge im Norden von weiß blühenden Sandnelken und Graslilien bedeckt sind. Durch den namensgebenden Ort Brösarp verläuft der Wanderweg Backaleden. Südlich des Flusses Verkeån spaziert man durch die Hügel bis an die Küste nach Haväng, und auf der nördlichen Seite geht's über den Skåneleden zum Ausgangspunkt zurück. In Brösarp fährt außerdem die historische Eisenbahn Ångtåget på Österlen ab: Im Sommer zieht eine Dampflok den Zug etwa 13 Kilometer bis nach Sankt Olof.

↖ Zum Nationalpark Stenshuvud gehört nicht nur der bewaldete »Steinkopf«, sondern auch ein langer, feiner Sandstrand zum Baden.
↗ Wenn Ende April der Raps blüht, leuchten viele Felder von Österlen in sattem Gelb.
→ Der flache, idyllische Landstrich Österlen ist – wie ganz Skåne – beliebt für Familienurlaub.

SPECIAL
SMAKLIG MÅLTID!

SCHWEDENS SPEISEKAMMER

Dank fruchtbarer Böden und eines milden Klimas gilt die Provinz Skåne als Vorratskammer des Landes. Die schonische Kulinarik nimmt verschiedenste Formen an und reicht vom rustikalen Hofladen irgendwo im Nirgendwo bis hin zum anspruchsvollen Verkostungsmenü in einem preisgekrönten Restaurant.

Als südlichste Provinz Schwedens hat Skåne das mildeste Klima im Land und außerdem eine lange Wachstumsperiode. Die günstigen Bedingungen werden von Bauern und Gärtnern ausgenutzt, die Raps, Gerste, Weizen, Zuckerrüben, Kartoffeln und anderes Gemüse anbauen. Außerdem wird in Skåne Wein kultiviert. Arilds Vingård, Flädie Mat & Vingård und Åhus Vingård sind nur drei von insgesamt rund 20 Weingütern in der Region; Tendenz steigend. Die meisten bieten Führungen und Verkostungen an.

← Pilze, Wurzelgemüse und andere heimische Zutaten sind fester Bestandteil der schwedischen Küche.
↙ Mit seinen Feldern und Höfen erinnert Skåne stellenweise mehr an Mitteleuropa als an Skandinavien.
↓ Die meisten Winzer in Nordeuropa setzen auf die Sorte Solaris.

Wer in Skåne unterwegs ist, kann sich auf allerlei regionale Spezialitäten freuen. Hinter dem Namen *Spettekaka* verbirgt sich ein süßes Gebäck, das an einem rotierenden Spieß gebacken wird und dadurch seine charakteristische Form eines runden Turms erhält. Ein typisch schonisches Mittagessen ist *Äggakaka*: Der »Eierkuchen« besteht aus saftigem Pfannkuchenteig und wird mit knusprigem Bacon und Preiselbeerkonfitüre serviert. Außerdem ist Skåne so ziemlich die einzige Gegend in Schweden, wo am 10. November Martinsgans gegessen wird. Alteingesessene Gasthäuser wie Brösarps Gästgifveri und Bäckaskog Slott servieren dann mehrgängige Menüs mit traditionellen Gerichten. Den Rest des Jahres kann man sich an den zeitgenössischen Kreationen der Köche gütlich tun, die regionale Zutaten der Saison zu ausgefeilten Gerichten verarbeiten. Der Guide Michelin hat längst einige Favoriten in Malmö.

Obst und Gemüse ab Hof

Aber Fine Dining in allen Ehren: Es sind die kleinen Hofläden, die eine Rundfahrt durch Südschweden ganz spontan bereichern. Das offizielle Verkehrszeichen mit einem stilisierten Aushängeschild und der Aufschrift »Gårdsbutik« gibt an den Landstraßen Hinweise darauf, wo sich ein Abstecher lohnt. Dabei kann man bei einem stattlichen Hof wie etwa Ängavallen (bei Trelleborg) oder dem kultverdächtigen »Haus der Tomate« (Tomatens hus, zwischen Landskrona und Helsingborg) rauskommen oder aber bei einem kleinen Bauernhof mit Kasse des Vertrauens. Außerdem werden in Skåne vielerorts Äpfel angebaut und in Mostereien (auf Schwedisch *musteri*) zu aromatischen Säften gepresst. Wer sich auf angenehme Art veräppeln lassen möchte, sollte Kullabygdens Musteri, das Obstmekka Kivik oder die Mosterei von Sövde ansteuern.

Fruchtbares Skåne: Nirgendwo in Schweden gedeiht so viel Obst und Gemüse wie ganz im Süden.

MARINMUSEUM

5

DREI KÜSTENSTÄDTE MIT INSELWELT

BLEKINGES SCHÄRENGARTEN

Schwedens südlichster Schärengarten wartet mit leicht erreichbaren Inseln und einer spannenden Militärgeschichte auf. Dort lernt man alle Facetten des Küstenlebens über die Jahrhunderte kennen. Das sattgrüne Hinterland macht dem Beinamen »Schwedens Garten« alle Ehre.

Vor Blekinges Südküste sind etwa 1650 Inseln und Felsen in die Ostsee gestreut. Im Gegensatz zu anderen Archipelen liegen selbst die äußeren Inseln nicht so weit vom Festland entfernt. Von Karlskrona erreicht man einige Inseln über Brücken. Die Provinz Blekinge ist nicht nur stolz auf ihren Archipel, sondern auch auf ihren Spitznamen »Garten von Schweden«. Im Sommer explodieren so ziemlich überall – selbst auf kleinen Inseln – Laubwälder und liebevoll gestaltete Grünanlagen. Das Wappen ziert eine stilisierte Eiche, und der Name der Region geht vermutlich auf *bleke* zurück, was so viel wie »stilles Gewässer« bedeutet. Selbst die Flüsse, die sich ihren Weg gen Ostsee bahnen, fließen gemächlich dahin – darunter der Mörrumsån, der unter Anglern für sein Lachsvorkommen bekannt ist.

Es spricht also vieles dafür, dass man sich in Blekinge gut erholen kann. Und trotzdem halten nicht viele Urlauber an, die mit der Fähre aus Deutschland nach Schweden übersetzen: Die meisten zieht es weiter nach Småland und auf die Insel Öland. Um die Planung der Outdoor-Aktivitäten in Blekinge zu erleichtern, wurde das Wegenetz ARK56 mit gleichnamiger App, Website und interaktiver Karte entwickelt. Darin sind Wander- und Radwege, aber auch Paddel- und Segelrouten erfasst. An 13 Knotenpunkten laufen sie zusammen. Dort hat man Zugang zu Gastronomie, Unterkünften und weiteren Aktivitäten, außerdem kann man das Transportmittel wechseln, wenn man das möchte. Mit Karten und durchdachten Strecken kann man sich seine Unternehmungen für mehrere Tage selbst organisieren.

← In Blekinges Hauptstadt Karlskrona dreht sich alles um Schifffahrt und Marine.

Krieg und Frieden in Karlskrona

Die Nähe zum Meer bedeutet aber nicht nur Fischerromantik, Segeltörns und Badespaß, sondern auch Bereitschaft zum Krieg. Seit etwa 350 Jahren hat die schwedische Marine ihren Hauptstützpunkt in Karlskrona: König Karl XI. ließ die Stadt aufgrund der strategischen Lage errichten, nachdem sein Vorgänger Karl X. Gustav Blekinge (und weitere Landstriche in Südschweden) von Dänemark erobert hatte. Karlskrona belegt ganze 33 Inseln, auf denen Stadt und Küstennatur nahtlos ineinander übergehen. Der Marinehafen von Karlskrona mit seinen ehemaligen Werften, Verteidigungsanlagen und weiteren Gebäuden gehört mittlerweile zum UNESCO-Weltkulturerbe. Das sehenswerte Marinemuseum illustriert die seemilitärische Geschichte Schwedens anhand von Schiffsmodellen aus dem 18. Jahrhundert, Galionsfiguren und einem Schiffsimulator. Außerdem kann man ein U-Boot von innen und außen besichtigen und durch einen Tunnel unter Wasser an einem Wrack vorbeispazieren – und all das bei freiem Eintritt!

Wer das Museum vor dem Ausflug in die Schären besucht, wird auch vieles, was sich auf den verschiedenen Inseln zeigt, besser einordnen können. So kann man beispielsweise von Karlskrona die mondsichelförmige, 30 Kilometer lange Route bis auf die Insel Tjurkö fahren, die etwa vier Kilometer Luftlinie südlich vom Zentrum liegt. Dort machen zwei grasbewachsene Festungen aus dem frühen 20. Jahrhundert (Sturkö skans und Tjurkö skans), die Reste der »Batterie Steinbruch« und der Blick auf die vorgelagerte Insel mit dem Fort Kungsholm Marinegeschichte greifbar. Der »Bootfriedhof« ist auch ein ungewöhnlicher Anblick. Wer die ungetrübte Schärenidylle sucht, sollte die abgelegene Landzunge Torhamns Udde ansteuern und im nahe gelegenen Maren die Fähre nehmen, um auf die Inseln Stenshamn und/oder Ulängan überzusetzen.

Der Schärengarten von Blekinge wurde übrigens 2011 von der UNESCO als Biosphärenreservat anerkannt. Weltweit gibt es über 700 solche Gebiete, in denen es nicht um Naturschutz im engeren Sinn geht, sondern um eine ganzheitliche Sicht auf den »Menschen als Bestandteil der Biosphäre«, inklusive Fragen nach wirtschaftlicher und demografischer Entwicklung.

Von Karlshamn ins Ungewisse

Im Westen von Blekinge liegt die Hafenstadt Karlshamn, die im 17. Jahrhundert nach der Rückgewinnung der Region aus dänischer Hand angelegt wurde. Dort endet die »Auswandererstraße«, die in Småland beginnt und im 19. Jahrhundert von Tausenden arbeitslosen Schweden gegangen wurde. Viele stiegen in Karlshamn aufs Schiff, um sich in den USA eine bessere Zukunft aufzubauen. Am Hafen ist ihnen ein Denkmal gesetzt, das »Utvandrarmonumentet«. Über die Uferpromenade erreicht man nach zehn Minuten das 2015 errichtete Kaltbadehaus, ein spektakulärer Bau auf Stelzen, entworfen vom bekannten schwedischen Architekturbüro White. Drinnen wärmt man sich in der Sauna mit Meerblick auf, und dann geht's mutig ins kalte Wasser – ein altes skandinavisches Ritual, das Glückshormone freisetzt und die Gesundheit fördern soll. Im Naturschutzgebiet Tjärö fühlt man sich angesichts der roten Schwedenhäuschen in ein kleines Bullerbü versetzt. Eichenhaine und Badestellen mit Felsen, auf denen es sich herrlich sonnen lässt, wechseln sich ab. In der authentischen Schärensiedlung mit Bebauung aus dem 19. Jahrhundert gibt es auch Möglichkeiten zum Übernachten. Die Fähre ab Karlshamn geht ganzjährig; im Sommer kommt man auch von Järnavik hin.

Ronneby – der moderne Kurort

Rund um mehrere eisenhaltige Quellen wuchs im 18. Jahrhundert der Kurort Ronneby Brunn heran. Nicht nur kranke, sondern auch gut betuchte Schweden strömten in Scharen dorthin, um sich mit einer Trinkkur zu stärken und durch den üppigen Park mit verschiedenen Gartenbereichen zu wandeln. Noch heute zählt er zu den schönsten Grünanlagen in ganz Europa.

↖ Von Karlskrona erreicht man mehrere Inseln und Landzungen mit dem Auto, unter anderem Torhamn mit einem kleinen Hafen.
← Auf der Landzunge Torhamns Udde wandert man durch eine grüne Schärenlandschaft.
↗ Die Schärenlandschaft von Blekinge ist ein UNESCO-Biosphärenreservat, in dem eine nachhaltige Entwicklung gefördert wird.

INFO

ZIMMER MIT AUSSICHT

In Eriksbergs Hotel & Safaripark geht das Naturerlebnis weiter: Im neun Quadratkilometer großen Naturschutzgebiet Eriksberg leben Hirsche, Bisons, Wildschweine und Mufflons und streifen frei durch eine ansehnliche Küstenlandschaft mit Laubwäldern und Klippen. Entweder fährt man mit dem eigenen Fahrzeug durch das Gelände, oder man schließt sich einer Führung an. Übernachten kann man (muss man aber nicht) in Hotelzimmern, Glampingzelten oder der spektakulären »Aussichtsvilla« auf Stelzen. www.eriksberg.se

WIE FÜRS PADDELN GESCHAFFEN

Die Schären von Blekinge lassen sich beim Paddeln in einem entspannten Tempo erkunden. In der Region gibt es zahlreiche Verleiher, unter anderem Verkö Kajak, Kajaksyd, Paddelkompaniet und Halens Kanotcentral. Die meisten Campingplätze vermieten ebenfalls Ausrüstung, außerdem sind die 13 Knotenpunkte des Wegenetzes ARK56 gute Anhaltspunkte. Das Portal ist auf Deutsch verfügbar. www.ark56.se

Zahlreiche Bootsverleiher bieten Besuchern die Möglichkeit, die Schären vom Wasser aus zu erkunden.

6

AB INS BLAUE!

NATIONALPARK ÅSNEN

Ein Abstecher zum Åsnen – einem der größten Seen des Landes – lohnt sich für alle, die gerne am, im oder auf dem Wasser sind. Zum Wandern gibt es mehrere präparierte Rundwege mit überschaubarer Länge. Auch Vogelbeobachter kommen auf ihre Kosten.

Mit knapp 150 Quadratkilometern ist der Åsnen Smålands zweitgrößter See. Ein Teil davon bildet einen von Schwedens jüngsten Nationalparks: Er wurde 2018 eingeweiht und trägt die Nummer 30. Doch nur ein Viertel des knapp 20 Quadratkilometer großen Nationalparks liegt über Wasser. Das sind sowohl Uferpartien und Halbinseln als auch ein Archipel aus etwa hundert Inseln und kleinen Schären. In der abwechslungsreichen Landschaft lassen sich dank leicht begehbarer Wanderwege (von je ein bis drei Kilometer Länge) entspannte Stunden an der frischen Luft verbringen.

Auch Hobbyornithologen können ein Schauspiel erleben: Im Herbst machen Zehntausende Gänsesäger eine Zwischenlandung auf ihrem Weg gen Süden. In Reihen gleiten sie über das Wasser und treiben Fische in flachere Gewässer, wo sie sich leicht fangen lassen. Außerdem kommen Prachttaucher und Fischadler in Europa fast nirgendwo so zahlreich vor wie am Åsnen. Und im Winter kann man Seeadler und vereinzelt sogar Steinadler erspähen. Eine gute Stelle, um Gänsesäger und Adler zu beobachten, ist die Halbinsel Bjurkärr, die einen Kilometer südlich vom Haupteingang Sunnabron in den See hineinragt und über eine Aussichtsplattform verfügt. Der 1,5 Kilometer lange Wanderweg dorthin verläuft durch einen unberührten, urwaldartigen Laubwald mit 250-jährigen Buchen und etwa hundert hochgewachsenen Eichen. Passenderweise heißt er »Buchenrunde« (Bokslingan). Der Wald ist außerdem für seine vielen verschiedenen Flechten und Pilze bekannt, und im Holz tummeln sich zahlreiche Arten von Insekten.

Vom Zauberberg ins Moor

Im Westen besteht eine zweite Möglichkeit, in den Nationalpark hineinzukommen: durch den Eingang Entré Trollberget. Am Parkplatz starten drei Rundwege, die man bei einem Halbtagesausflug locker schafft. Eine moderne Schutzhütte eignet sich als Rastplatz. Der namensgebende »Zauberberg«, den man nach nur 800 Metern erreicht, besteht aus mehreren Felsblöcken, und mittendurch zieht sich eine gerade Felsspalte. Zehn Kilometer weiter südlich liegt das Moorgebiet Toftåsa Myr. Es ist zu Fuß oder mit dem Fahrrad über einen Abschnitt des Fernradwegs Banvallsleden erreichbar. Durch die torfbedeckte Landschaft ziehen sich zwei Holzbohlenwege zu je anderthalb Kilometern: Norra und Södra Slingan. Achtung – auf keinen Fall die Brille vergessen! Die Stars der Moorflora – Moltebeeren und Moosglöckchen – sind kleine Pflänzchen.

← Der Nationalpark Åsnen wurde im Jahr 2018 als 30. schwedischer Nationalpark eingeweiht. Der Großteil ist von Wasser bedeckt.
↓ Es ist also nur natürlich, sich auf dem See paddelnd (oder schwimmend) fortzubewegen.

INFO

ÜBERNACHTEN
So richtig in die Natur eintauchen können Urlauber bei Getnö Gård – Lake Åsnen Resort. Die Anlage mit ganzjährig buchbaren Ferienhäusern und einem saisonalen Campingplatz liegt direkt am Wasser. Besucher können Angeltouren mitmachen und Fahrräder ausleihen. Außerdem ist es Ehrensache, dass auch Kanusafaris angeboten werden, denn ...

PADDELN
... was wäre ein See-Nationalpark ohne Ausflüge zu Wasser? Zwischen Asa im Norden und Ryd im Süden zieht sich die 120 Kilometer lange Paddelroute namens Värendsleden durch die blau-grüne Landschaft. In regelmäßigen Abständen gibt es Übernachtungsmöglichkeiten (von der kostenpflichtigen Herberge bis zum einfachen Windschutz), Toiletten, Mülleimer und Feuerstellen. Der See Åsnen liegt an der südlichen Hälfte der Route.
www.getnogard.se, www.visitasnen.se/de

7

GEHEIMNISVOLLE MOORLANDSCHAFT

NATIONALPARK STORE MOSSE

Das »große Moor« ist tatsächlich Schwedens größtes Moorgebiet südlich von Lappland und macht seinem Namen damit alle Ehre. Ausgehend von der Landfläche, ist es außerdem der größte Nationalpark in Südschweden. Über Holzbohlen geht es durch eine mysteriöse Landschaft, in der sich viele Vögel tummeln.

Der Nationalpark Store Mosse in Småland misst knapp 80 Quadratkilometer, wovon 85 Prozent von Mooren bedeckt sind. Über die Jahrtausende hat sich eine Torfschicht gebildet, die stellenweise sieben Meter dick ist. Die Menschen in der Umgebung haben das aus vermoderten Pflanzenresten bestehende Material lange als Brennstoff sowie zur Fassadendämmung genutzt. Bis in die 1960er-Jahre baute ein Unternehmen bei Kittlakull Torf ab; etwa 15 Jahre nach der Schließung wurde das Moor 1982 zum Nationalpark erhoben. Nahe der ehemaligen Fabrik durchschneiden eine Landstraße und eine Eisenbahnschiene – zwei Transportwege, die ebenfalls älter sind als der Naturschutz – den Nationalpark und teilen ihn in zwei ähnlich große Teile. Doch obwohl Menschen über Jahrhunderte auf die Landschaft eingewirkt haben, zeigt sich das Moor ursprünglich, wild und ungezähmt. Genauer gesagt handelt es sich um mehrere Hochmoore (die »ihr« Wasser durch Niederschläge erhalten), unterteilt von Seen und nassen Niedermooren (die vom Grundwasser feucht gehalten werden).

Vogelsee und Schwingrasen

Am Haupteingang bei Kävsjö werden Besucher vom Nationalparkhaus Naturum begrüßt, das wie eine Brücke über den Schwingrasen Stora Gungflyet gebaut ist. Bei freiem Eintritt gibt die Ausstellung einen Rückblick auf die Entwicklung der Moorlandschaft seit der letzten Eiszeit. Von oben betrachtet wird das Ausmaß des weiten Feuchtgebiets mit der eigenwilligen Vegetation deutlicher. Wer es nicht in die arktische Wildnis schafft (etwa in den Nationalpark Muddus, s. Seite 178), findet im Nationalpark Store Mosse eine kleine (aber nicht minder großartige) Version davon. Neben der Flora erinnert auch die Fauna an den hohen Norden: die Vogelarten Regenbrachvogel und Zwergschnepfe sind sonst eher dort heimisch.

Ein Netz aus Holzbohlenwegen erlaubt den Besuchern eine Wanderung trockenen Fußes. Beim Naturum starten mehrere ausgeschilderte Wanderwege, unter anderem der zwölf Kilometer lange Rundweg um den See Kävsjön – das Herz des Nationalparks. Von März bis Mitte August ist das Gewässer ein Vogelschutzgebiet. Von drei Aussichtstürmen kann man die gefiederten Besucher, denen Store Mosse als Brut- und Rastplatz dient, ungestört beobachten. Wer mehr Zeit hat, kann die 14 Kilometer zur Südspitze des Nationalparks gehen: Das Niedermoor Björnekullakärret wartet mit wilden Orchideen auf.

INFO

ANFAHRT

Der Haupteingang in den Nationalpark liegt im Dorf Kävsjö: Dort gibt es einen Parkplatz, wo neben Autos auch Wohnmobile und Wohnwagen stehen dürfen. Außerdem fährt die Buslinie 242 zur Haltestelle »Store Mosse fågeltornet«. Aus Värnamo und Gnosjö sind es jeweils ca. 25 Minuten mit dem Bus zum Nationalpark.

AKTIVITÄTEN

Der Naturguide André Schurtenberger bietet geführte Wanderungen auf Deutsch an. Außerdem vermietet er Gästezimmer in den ehemaligen Wohnhäusern Svänö und Lövö (Tel. mobil: 0046/722 27 78 22).
www.vandramedandre.se
Im Sommer bietet das Naturum geführte Ausflüge an, etwa Fledermaussafaris und Schneeschuhwanderungen über das Feuchtgebiet mit Bad im Moortümpel.
www.sverigesnationalparker.se/de
Außerdem stehen Schutzhütten und präparierte Grillplätze bereit, und auf den ausgewiesenen Zeltplätzen kann man mit eigener Ausrüstung übernachten.

← Im gesamten Nationalpark Store Mosse finden sich Holzbohlenwege, die es Besuchern erlauben, trocken durch bzw. über die Moore zu gelangen.
↑ Flechten gehören zum üblichen Erscheinungsbild der Moorlandschaft.

8

MAL MARITIM, MAL LÄNDLICH

RUND UM OSKARSHAMN

Das 19.000 Einwohner starke Hafenstädtchen Oskarshamn an der Küste von Småland ist ein guter Ausgangspunkt für Ausflüge in die Inselwelt und das Hinterland, wo vieles an Bullerbü erinnert. Außerdem gibt es Fährverbindungen nach Öland und Gotland sowie zum Nationalpark »Blaue Jungfrau«.

Schweden zählt insgesamt 14 Schärengärten, also Küstenlandschaften mit vorgelagerten felsigen Inseln. Einer davon (Misterhults skärgård) liegt bei Oskarshamn und macht die Gemeinde mit 5429 Inseln zur Nummer vier auf der Liste der inselreichsten Gemeinden des Landes. Was den Archipel von anderen unterscheidet, ist die Nähe zum Festland: Ohne größere Umstände kann man sich in die Inselwelt begeben. Wer im Gegensatz zu den meisten Einheimischen keinen Zugang zu einem Freizeitboot hat, mietet sich ein Kajak oder schließt sich einer geführten Paddeltour an.

Nationalpark Blå Jungfrun

Von Oskarshamn kann man mit der Fähre zur Insel Blå Jungfrun (»Blaue Jungfrau«) übersetzen, die zur Gänze Nationalpark ist. Mit knapp 200 Hektar zählt sie zu den Winzlingen unter Schwedens Nationalparks, und doch zieht sie im Sommer zahlreiche Tagesbesucher an. Es ist schon ein imposanter Anblick, wie sich der 86 Meter hohe Rundhöcker aus Granit, ohne jegliche Nachbarn, aus der Meerenge Kalmarsund erhebt. Es hängt von der Windrichtung ab, ob die Fähre in einer der nördlichen Buchten Lervik und Sikhamn oder im überraschend üppig bewaldeten Süden bei Nedre västra Stenbrottet anlegt. Ein 3,3 Kilometer langer Rundwanderweg verbindet die drei Stellen und führt außerdem an einem Gletschertopf, einem Steinlabyrinth und der Höhle namens »Kirche« vorbei. Wer gut zu Fuß ist, kann vom Gipfel einen Schlenker zur »Jungfrauenkammer« machen – einer weiteren Höhle mit einem fast viereckigen Eingang. Ein Beiname der Insel lautet Blåkulla – das schwedische Äquivalent zum Brocken oder Blocksberg. Im 15. Jahrhundert verbreitete sich nämlich der Aberglaube, dass Hexen dort ihr Unwesen trieben.

Stensjö by

Im Kulturreservat Stensjö by nördlich von Oskarshamn findet man ein originalgetreu erhaltenes småländisches Dorf aus dem 18. und 19. Jahrhundert vor: rote Häuser, gackernde Hühner und grasende Kühe und Schafe, umgeben von einer sonnenverwöhnten Agrarlandschaft, steinigem Weideland und kurvigen Schotterwegen. Dass diese ländliche Idylle als Drehort für die Verfilmung von Astrid Lindgrens Klassikern »Michel aus Lönneberga« und »Wir Kinder aus Bullerbü« genutzt wurde, ist kaum verwunderlich. Es gibt (noch) kein Café, aber das Gelände ist ganzjährig und gratis für Besucher zugänglich; am besten nimmt man etwas zum Picknicken mit.

← Rote Häuschen inmitten unberührter Landschaft – das Bild von Schweden, das alle Astrid-Lindgren-Fans im Kopf haben, hat hier seinen Ursprung.
↓ Vom Granitfelsen im Nationalpark Blå Jungfrun bietet sich ein herrlicher Blick auf das Meer.

INFO

FÄHREN & KAJAKS

Zum Nationalpark Blå Jungfrun fährt die Reederei Solkustturer. Der Anbieter hat auch Schärenrundfahrten und Garnelen-Dinnercruises im Programm (Informationen unter www.solkustturer.se/de oder in der Touristeninformation, Biogränd 37, Oskarshamn). Außerdem kommt man von Oskarshamn nach Visby auf Gotland sowie nach Byxelkrok ganz im Norden von Öland.
www.destinationgotland.se/de, www.olandsfarjan.se
Mietkajaks und geführte Ausflüge bietet das Familienunternehmen Kajaktorpet i Misterhults skärgård an. Es hat seine Basis in Klintemåla, eine halbe Autostunde nördlich von Oskarshamn.
facebook.com/kajaktorpet

SEHENSWERT

Das Döderhultarmuseum (im Kulturzentrum von Oskarshamn) zeigt die fantasievollen Kreationen es Holzschnitzers und Bildhauers Axel Petersson (1868–1925). Mit seinen ausdrucksstarken, dynamischen Figuren, die das schwedische Landleben schildern, erlangte er in den letzten 15 Jahren seines Lebens Ruhm, weit über Schwedens Grenzen hinaus.
www.oskarshamn.se/kulturhuset

9

SÜDSCHWEDISCHES KÜSTENLEBEN

VÄSTERVIK & TJUSTS SCHÄRENGARTEN

Selten erlebt man einen so nahtlosen Übergang von der Stadt in die Natur wie im Urlaubsort Västervik: Im einen Moment fotografiert man entzückt die rosenbewachsenen Holzhäuschen, und einen kurzen Spaziergang später findet man sich auf der grünen Halbinsel Gränsö wieder. Drumherum breitet sich der Schärengarten von Tjust aus.

Schweden hat einige sogenannte Sommerstädte: Orte am Wasser, die in der Urlaubszeit so richtig aufblühen. Eine davon ist Västervik an der småländischen Ostseeküste. Sie hat rund 21.500 feste Bewohner, aber im Juli und August schwillt diese Zahl an. Überfüllt fühlt es sich trotzdem nicht an. Vielmehr verteilen sich die Gäste auf zahlreiche Hotels und Campinganlagen, schwärmen tagsüber bei ihren Abenteuern in die Inselwelt aus und kommen nur am Abend zum Essen und Flanieren im Hafenviertel zusammen.

So ein Ausflug kann beispielsweise auf die Insel Hasselö führen, die von Mitte Juni bis Mitte August täglich mehrmals von der Fähre *M/S Ellen Key* angefahren wird. In der Siedlung Hasselö Sand gibt es neben einem ganzjährig geöffneten Hostel auch Gastronomie und einen Tante-Emma-Laden. Außerdem werden Fahrräder, Kajaks und Tretboote vermietet. Im Süden schließt das Eiland Sladö mit einem gleichnamigen Naturschutzgebiet an. Die Inseln sind durch eine schmale Brücke verbunden und zusammen neun Kilometer lang. Der Rad- und Spazierweg durchquert eine abwechslungsreiche Natur mit Wäldern, Wiesen und kahlen Klippen. Wer die Spitze von Sladö erreicht, ist ziemlich weit draußen im Archipel – und hinter einer Handvoll Mini-schären erstreckt sich die Ostsee bis zum Horizont.

Auch die Insel Idö mit ihrem beliebten Schärenrestaurant und einem Aussichtspunkt hat eine Fährverbindung mit dem Festland. Ein Abenteuer der anderen Art ist eine Fahrt mit der historischen Schmalspurbahn von Västervik nach Hultsfred, mit deren Bau bereits 1877 begonnen wurde. Lange Abschnitte der Strecke stehen unter Denkmalschutz.

Gastfreundschaft auf Slottsholmen

Das zarte Bindeglied zwischen der Stadt auf dem Festland und der vorgelagerten Halbinsel Gränsö bilden die Landfleckchen Strömsholmen und Slottsholmen (die »Schlossinsel«). Letztere trägt die namensgebende Schlossruine aus dem Mittelalter sowie den 2018 eröffneten Gastronomie- und Hotelkomplex Slottsholmen. Dahinter steckt kein Geringerer als Björn Ulvaeus; der ABBA-Musiker stammt nämlich aus Västervik und wollte in seiner Heimat einen Treffpunkt schaffen. Gleich daneben erhebt sich das 1910 im Jugendstil erbaute Warmbadehaus, das nach einem gründlichen Facelift 2021 wiedereröffnet hat – ein wichtiges Puzzleteil im Angebot von Västervik, wo Erholung am und im Wasser großgeschrieben wird.

INFO

WEITERE UNTERKÜNFTE & LINKS
Wie ein kleiner König wohnt man im romantischen Herrenhaus Gränsö Slott. Die Fünf-Sterne-Campinganlage hat alles, was sich Familien wünschen: vom roten Ferienhäuschen bis hin zum Erlebnisbad. www.granso.se, www.vastervikresort.se
Links: Västervik: www.vastervik.com; Fähren: www.vastervik.com/skargardstrafiken; Hasselö: www.hasselo.com/de; Slottsholmen: www.slottsholmen.com; Schmalspurbahn: www.smalsparet.se/de

IN DER NÄHE
Etwa 55 Kilometer weiter landeinwärts liegt Vimmerby, die Geburtsstadt von Astrid Lindgren (1907–2002). Dort hat im warmen Halbjahr (Mitte Mai bis Mitte Sept.) der weltbekannte Themenpark Astrid Lindgrens Welt geöffnet. Außerdem können Interessierte das bewahrte Elternhaus (Astrid Lindgrens Näs) besichtigen und noch viele weitere Erinnerungen an die berühmte Kinderbuchautorin entdecken. www.alv.se, www.astridlindgrensnas.se

← Der Stadtkern von Västervik (rechts) ist über einen schmalen Damm mit der Halbinsel Gränsö verbunden – ein herrlicher Spaziergang.
↑ Einige Gassen von Västervik sind von bunten Häusern und Rosenstöcken gesäumt.

10

VOGELPARADIES UND ÖKOPARK

RUND UM DEN SEE TÅKERN

Östergötland ist für viele Reisende nur ein Durchzugsgebiet zwischen Småland und Stockholm. Doch im Westen, wo die Provinz an den Vättern grenzt, liegen lohnende Ziele im Freien nah beieinander. So wartet der See Tåkern mit einer enormen Vogelartenvielfalt auf, und der grüne Omberg bietet fantastische Aussichten.

Der 44 Quadratkilometer große See Tåkern gilt als Schwedens bedeutendster Vogelsee. Auch international findet er unter Ornithologen Beachtung, denn über die Jahre wurden dort nahezu 280 verschiedene Arten gesichtet. Mit seiner geringen Wassertiefe (weniger als ein Meter), dem dichten Schilf und den moorigen Ufern bietet er beste Voraussetzungen zum Rasten sowie zur Fortpflanzung. Um die 130 Arten – darunter Trauerseeschwalbe, Drosselrohrsänger, Rohrdommel, Rohrweihe und Bartmeise – verleben am Tåkern ihre Paarungs- und Brutzeit. Am Südufer gibt das Besucherzentrum Naturum Tåkern bei freiem Eintritt einen informativen Überblick über den See und seine Bewohner bzw. Besucher. Das schilfbedeckte Gebäude ist schon wegen seiner modernen Architektur einen Besuch wert; am Entwurf war der schwedische Stararchitekt Gert Wingårdh beteiligt. Mehrere Aussichtstürme sind durch einen Spazierweg verbunden. Rund um den See gibt es weitere Stellen zur Vogelbeobachtung.

Omberg – Ökopark der Superlative

Rund 15 Kilometer westlich vom Naturum eröffnet sich eine weitere Naturidylle: der Ökopark Omberg (»Nebelberg«) am Ufer des Vättersees. Im Frühling blühen wilde Orchideen auf den Wiesen, im Sommer können Wanderer im Schatten von alten Rieseneichen durchatmen. Man sagt außerdem, dass dort der höchste Baum des Landes steht: eine 50 Meter hohe Weißtanne, die vor rund 150 Jahren gepflanzt wurde. Normalerweise wachsen Tannen bis zu 40 Meter in die Höhe. Den höchsten Punkt des Ombergs bildet der 263 Meter hohe Gipfel Hjässan. Von dort sowie vom Panoramaweg über die steilen »westlichen Wände« (Västra Väggar) hat man einen herrlichen Blick über den dunkelgrünen Teppich, der am Ufer des Vättern abrupt endet und ins Tiefblau von Schwedens zweitgrößtem See übergeht. Mit dem Begriff »Ökopark« ist in Schweden übrigens ein Waldgebiet gemeint, das zwar vom Staatsunternehmen Sveaskog forstwirtschaftlich genutzt wird, aber zumindest zur Hälfte unter Naturschutz steht. Omberg war 2003 das erste Projekt dieser Art, mittlerweile gibt es landesweit fast 40 mit einer Durchschnittsfläche von 50 Quadratkilometern.

An der Südspitze liegt das stilvolle Wohnhaus der Schriftstellerin Ellen Key (1849–1926) mit einem Sonnentempel am Wasser und einem Garten, den sie selbst angelegt hat. Im Inneren zieren Werke befreundeter Künstler die Wände, darunter von Anders Zorn, Carl Larsson und Prinz Eugen, dem großen Meister der schwedischen Landschaftsmalerei.

← Der Wald auf dem Omberg bildet Schwedens ältesten Ökopark. Dort wandert man im Schatten von Eichen und anderen Laubbäumen.
↓ Die »westlichen Wände« stürzen steil und kahl in den Vätternsee.

INFO

VADSTENA
Zehn Kilometer nördlich des Sees liegt die historische Stadt Vadstena an einer Bucht des Vättern. Sie ist dafür bekannt, dass die heilige Birgitta von Schweden (1303–1373) dort ihren Orden gründete. Noch heute lebt ein Konvent Birgittinnen im Kloster Vadstena. Sehenswert sind das Klostermuseum, das Schloss aus dem 16. Jahrhundert und die beschauliche Innenstadt. Passend zum Thema bietet sich eine Übernachtung im sogenannten Klosterhotel an; statt Askese gibt es Vier-Sterne-Service und eine große Wellnessabteilung. www.klosterhotel.se

GÖTAKANAL
Auch der Götakanal ist nicht weit: Das 1832 eingeweihte Megabauwerk ermöglicht Schiffen eine direkte Verbindung zwischen Stockholm und Göteborg. Sehr sehenswert sind die Schleusentreppen, über die sich Segelboote Meter für Meter nach oben kämpfen, z. B. Bergs slussar bei Ljungsbro mit ganzen sieben Etappen. Die zu überwinden, erfordert Geduld, Konzentration und Segelgeschick. Beim Zuschauen leuchtet ein, warum der Götakanal den Spitznamen »Scheidungsgraben« trägt. Deutlich entspannter sind die Touren per Ausflugsschiff, z. B. ab Motala (15 km von Vadstena). www.gotakanal.se/de

11

SCHWEDENS SÜDLICHSTE WILDNIS

NATIONALPARK TIVEDEN

Zwischen den Seen Unden und Vättern bildet ein weitläufiges Waldgebiet eine Barriere, die bewohnte Ebenen in den historischen Provinzen Västergötland und Närke voneinander trennt. Seit Jahrhunderten versuchen Menschen, das Land urbar zu machen, aber der harte Kern ist unberührt geblieben.

Im Mittelalter verlief bei Tiveden die Grenze zwischen den Landesteilen Götaland im Süden und Svealand in der Mitte (den dritten Landesteil bildete Norrland). Von beiden Seiten sind Menschen über die Jahrhunderte tief in das Gebiet vorgedrungen. Ab dem 18. Jahrhundert wurden Bäume gefällt, und es hat auch mehrmals gebrannt. Am Rand wurden große Gebiete abgeholzt, geebnet und landwirtschaftlich nutzbar gemacht. Doch im tiefsten Inneren sind 20 Quadratkilometer unberührt geblieben: eine zerklüftete Landschaft mit Spaltentälern, Hügeln und Felsbrocken, die durch Erdbeben gelöst und vom Inlandeis mitgeschleppt wurden. Die Bewohner der nahen Dörfer erzählten einander von Trollen und Räubern, die sich in diesem unwegsamen Gelände versteckten, aber bis heute hat man keine Spuren von Bewohnern gefunden. Das wird auch so bleiben, denn das wilde Herz von Tiveden wurde 1983 zum Nationalpark erklärt.

Die höheren Lagen sind trocken und von Waldkiefern bewachsen, den Boden bedecken Heidekraut und niedrige Preiselbeersträucher. Oftmals muss man genau hinsehen, um an den hellen Stellen Granit vom weißgrauen Teppich aus sogenannten Rentierflechten zu unterscheiden. Weiter unten in den Tälern gesellen sich gemeine Fichten dazu, und Heidelbeersträucher und Moose geben unter den Schritten der Wanderer nach. Immer wieder eröffnet sich ein friedliches Gewässer, in dem Schellenten und Seerosen das Spiegelbild der umliegenden Nadelbäume unterbrechen.

Schritt für Schritt durch den Urwald

Am besten nähert man sich dem Nationalpark aus südlicher Richtung, über die Landstraße 49 und eine kleine Straße, die bei Bockjö abzweigt. So kommt man bei einem Parkplatz und Informationsschildern heraus. Dort starten vier Rundwanderwege mit Längen zwischen zwei und zehn Kilometern. In dem hügeligen Gelände nimmt selbst die kurze »Stenkällerundan« 90 Minuten in Anspruch. Und wer den See Stora Trehörningen umrunden möchte, sollte fünf Stunden einplanen.

Ein Highlight in der Nähe ist der See Fagertärn, der 1856 für eine botanische Sensation sorgte: Damals entdeckte ein Student dort Seerosen mit roter Blüte. Heute weiß man, dass es sich dabei nicht um eine eigene Art, sondern um eine Farbmutation der weißen Variante handelt. Blütezeit ist von Mitte Juli bis Mitte August. (Unbedingt das Fernglas mitnehmen, denn die Blumen wachsen einige Meter vom Ufer entfernt!)

INFO

WILDVÖGELN AUF DER SPUR
Im Frühling bieten Birkhühner und Auerhähne ein Naturschauspiel vom Feinsten: Nach Sonnenaufgang erscheinen die Vögel in ihrem Prachtkleid zwischen den Büscheln des Moores. Nur der markante Lockruf durchbricht die morgendliche Stille. Um Auerhähne zu beobachten, übernachten die Teilnehmer der geführten Tour in einer Schutzhütte. Nach dem Aufwachen ist absolute Stille geboten: Das kleinste Geräusch kann die wachsamen Vögel verscheuchen. Die Pension Hamgården in Tived hat verschiedene Kombiangebote für Safaris und Übernachtungen. www.hamgarden.se

DURCH DIE WILDNIS REITEN
Sowohl Anfänger als auch erfahrene Reiter können Tiveden auch vom Pferderücken aus erkunden. Ganze 300 Kilometer präparierte Pfade ziehen sich durch das Naturgebiet. In der Umgebung gibt es mehrere Anbieter von Reitausflügen in Kombination mit Übernachtungen, darunter Ösjönäs und Grönelid Gård. www.osjonas.se, www.gronelid.se, weitere Infos zu Aktivitäten, Unterkünften, Gastronomie und mehr: www.tiveden.se

← Wen wundert es, dass sich die Menschen, geprägt von dieser Landschaft, früher Geschichten über Trolle und Räuber erzählt haben?
↑ Auerhähne sind scheue Vögel – wer sie beobachten möchte, muss sehr leise sein.

SPECIAL
900 KILOMETER FAHRRADSPASS

DIE DREI NATIONALEN RADWEGE IN SÜDSCHWEDEN

Unter dem gemeinsamen Namen »South Sweden Trails« ziehen sich drei nationale Radwanderwege durch Südschweden. Das Herz der Route ist die Provinz Skåne, deren Küste zur Gänze abgefahren wird. Auch die Sandstrände von Halland und die felsige Schärenküste bei Göteborg liegen an der Strecke.

Die drei Fernradwege – von Ost nach West: Sydostleden, Sydkustleden und Kattegattleden –, die nahtlos ineinander übergehen, messen zusammen 900 Kilometer. Sie gelten als Routen von nationalem Standard, weil die Wege durchgehend qualitätsgesichert werden und man unterwegs regelmäßig Anschluss an die Zivilisation hat. Außerdem können sich Radler auf beeindruckende Landschaften und malerische Orte freuen sowie in regelmäßigem Abstand Unterkünfte, Gaststätten und Lebensmittelgeschäfte erwarten. Als erster wurde 2015 der Kattegattleden an der Westküste eingeweiht, die anderen beiden folgten in den Jahren danach. Man fährt überwiegend auf Asphalt und hat – abgesehen von den Hügeln bei Brösarp und dem Höhenzug Hallandsåsen – kaum Anstiege zu meistern.

← Der Südküstenradweg verläuft unter anderem durch die Wallander-Stadt Ystad.
↙ Zwei der drei Fernradwege führen am Meer entlang.
↓ Die flachen, meist asphaltierten Radwege in Südschweden ermöglichen ein entspanntes Erkunden der Region.

Der Südküstenweg

Schwedens südlichste Region hat ein mildes Klima, fruchtbare Böden und damit beste Voraussetzungen für eine Radtour, bei der auch der leibliche Genuss nicht zu kurz kommt. Der Großteil der Touristen tourt im Hochsommer durch Schweden, aber auch der September ist ein herrlicher Monat, um diese Strecke zu fahren. Dann kommt man bei durchschnittlich 17 °C weniger ins Schwitzen, und die Bauern verkaufen ihre Erzeugnisse am Wegesrand – oft mit Kasse des Vertrauens. Höhepunkte am Sydkustleden sind die Wallanderstadt Ystad mit ihren alten Fachwerkhäusern, der südlichste Punkt namens Smygehuk, die Sandstrände und bunten Badehäuschen von Skanör, der urbane Trubel von Malmö und die gemütliche Küstenstadt Helsingborg.

Der Kattegatweg

Auf dem längsten der drei Radwege passiert man entlang der Westküste drei Regionen: Skåne, Halland und Westschweden. Entsprechend groß ist die landschaftliche Variation, und es gibt allerlei Stellen, an denen man gerne aus dem Sattel steigt: das Schloss Sofiero mit dem üppigen Garten, die Halbinsel Kullen, das Weingut von Arild, das kultige Kaltbadehaus und die Festung von Varberg, das Arts-&-Crafts-Schloss Tjolöholm und natürlich die quirlige Hafenmetropole Göteborg.

Der Südostweg

Im Gegensatz zu den beiden Küstenrouten verläuft der Sydostleden zu zwei Dritteln durch das waldreiche Hinterland von Småland. Am Weg liegen der Nationalpark um den See Åsnen, die lachsreichen Stromschnellen Kungsforsen und der beliebte Landstrich Österlen. Weitere Informationen zu allen drei Fernradwegen sowie eine Karte gibt es im Internet (www.southswedentrails.de).

SYDOSTLEDEN	SYDKUSTLEDEN	KATTEGATTLEDEN
Växjö (Småland)–Simrishamn (Skåne)	Simrishamn (Skåne)–Helsingborg (Skåne)	Helsingborg (Skåne)–Göteborg (Westschweden)
274 Kilometer	260 Kilometer	390 Kilometer
7 Etappen	6 Etappen	8 Etappen

Die Ostseeinsel Fårö reizt mit einer kargen Landschaft und den Kalksteinsäulen namens »Rauken«.

12

WO KÖNIGE URLAUB MACHEN

ÖLAND

Die lang gestreckte Ostseeinsel fasziniert mit ihrer einmaligen Landschaft: Der Süden ist von einem Kalkplateau geprägt, auf dem Menschen seit Jahrtausenden leben. Die historische Agrarlandschaft gehört zum UNESCO-Welterbe, und noch heute entstehen dort erstklassige kulinarische Produkte.

Der unscheinbare Strich auf der schwedischen Landkarte symbolisiert eine Insel, auf der man in Wahrheit Wochen zubringen kann. Das knapp 140 Kilometer lange und bis zu 16 Kilometer breite Öland wartet mit einem milden Klima, historischen Sehenswürdigkeiten, flachen Wegen und einer einmaligen Landschaft auf. Im Süden fasziniert der Kontrast zwischen den schier endlosen Weiten und den kleinwüchsigen Pflanzen. Öland ist ein Ort, an dem derjenige belohnt wird, der sich Zeit nimmt und genau hinsieht.

Das große Alvar

Das Kalksteinplateau Stora Alvaret dominiert das südliche Drittel der Insel Öland. Weil nur stellenweise eine dünne Erdschicht das Gestein bedeckt, konnte dieses Gebiet nie bewirtschaftet werden. Stattdessen weiden dort, wo doch mal Gras und schüchterne Büsche gedeihen, die Nutztiere der Bauern seit Urzeiten. Diese eigenwillige Landschaft, die doch seit Jahrtausenden genutzt wird, ist – auch aufgrund ihrer Größe mit 26.000 Hektar – weltweit einzigartig. Aber wie nähert man sich einem solchen Naturgebiet? Ein lohnendes Ausflugsziel ist die rekonstruierte Ringburg Eketorp – die einzige ihrer Art in Schweden. Dort vorbei führt der 84 Kilometer lange Wanderweg Mörbylångaleden. Er startet in Färjestaden (wo man von der Brücke aus Kalmar kommt), verbindet einige Dörfer an der Westküste der Insel, durchschneidet dann das Alvar und führt auf der Ostseite hinunter zum Südzipfel. In fünf Tagesetappen können aktive Urlauber auf diesem Weg das UNESCO-Welterbe erleben. Aufgrund der besonderen Umgebung hat der schwedische Outdoor- und Wanderverein STF den Mörbylångaleden zu einem der zwölf »Charakterwege« (Signaturleder) des Landes ernannt.

Die Vegetation mag karg sein, und dennoch birgt sie einige interessante Arten. Im Mai entzücken seltene wilde Orchideenarten wie das Holunder-Knabenkraut und das Männliche Knabenkraut durchreisende Hobbygärtner. Außerdem gibt es Pflanzen, die ausschließlich auf Öland vorkommen: das öländische Labkraut Ölandsmåra *(Galium oelandicum)* und das gelbe »Öländröschen« (Ölandssolvända oder *Helianthemum oelandicum*). Letzteres ist übrigens die Symbolblume der Insel.

Ganz im Süden befindet sich das Naturschutzgebiet Ottenby mit dem Besucherzentrum Naturum und dem 1785 errichteten Leuchtturm »Langer Jan« (Långe Jan). Mit einer Höhe von 42 Metern macht er seinem Namen alle Ehre und

→ Etwa 350 Bockwindmühlen stehen noch auf Öland. Bei diesem alten Typ wird zum Ausrichten der ganze Aufbau gedreht.

INFO

KULTUR
Die schwedische Königsfamilie hat ihr Sommerhaus auf Öland: das Schloss Solliden bei Borgholm. Von Mitte Mai bis Anfang August steht der Park Besuchern offen. Gartenfreunde können sich auf einen Rundgang durch verschiedene, liebevoll bepflanzte Bereiche freuen. Das Innere des Gebäudes ist jedoch nicht zugänglich; man geht durch die abwechslungsreichen Grünflächen einmal um das Schloss herum.
www.sollidensslott.se
Im Gegensatz zur royalen Gartenkunst steht das Freilichtmuseum Himmelsberga: Anhand historischer Gebäude zeigt es, wie bodenständig die Öländer seit jeher gelebt haben. In der dazugehörigen Galerie sind Kunstwerke zeitgenössischer Maler und Bildhauer zu sehen, die von der Insel inspiriert wurden.
www.olandsmuseum.se

KALMAR
Wer nach Öland fährt, kommt fast zwangsläufig durch die Stadt Kalmar, die auf dem Festland am anderen Ende der sechs Kilometer langen Brücke liegt. Das auf Deutsch beschilderte Schloss und der historische Stadtkern sind durchaus sehenswert.
www.kalmarslott.se/deutsch

Steinmauern markieren traditionell die Grundstücksgrenzen im alten Agrargebiet von Südöland.

ist Schwedens höchster Leuchtturm. Den Großteil des Jahres kommt man gegen einen Obolus hinein, erklimmt die 197 Stufen und genießt von oben eine fantastische Aussicht auf Südöland und die Ostsee. Im Frühling und Herbst trifft man im umliegenden Vogelschutzgebiet viele Ornithologen. In der Vogelstation Ottenby wird Forschung betrieben, aber auch Hobbygucker rücken mit ihren Fernrohren an. Und überall hört man den Gesang der Feldlerchen.

UNESCO-Weltkulturerbe

Seit dem Jahr 2000 steht die Agrarlandschaft von Südöland auf der UNESCO-Welterbeliste – aber eben nicht als Natur-, sondern als Kulturerbe. Bei der Zuteilung ging es nämlich weniger um die Eigenheiten der Landschaft an sich als vielmehr darum, wie die Menschen aus den besonderen Bedingungen seit Jahrtausenden das Beste machen. Man geht davon aus, dass die südliche Hälfte der Insel seit etwa 5000 Jahren besiedelt ist, denn sie weist eine Menge Spuren von menschlichem Wirken auf – von der Eisenzeit bis in die Gegenwart.

Im Mittelalter organisierten sich die Bauern in sogenannten Reihendörfern, wo entlang eines Weges ein Hof am anderen lag. Rund um die Siedlung kultivierte man die Felder, während die Gebiete auf dem Kalkplateau und an der Küste als Weideland genutzt wurden. Beispielsweise in Lilla Frö und Näsby ist die ursprüngliche Struktur erhalten, sodass man über eine schmale Straße an nah beieinanderstehenden, rot angemalten Häusern vorbeifährt. Das Reihendorf Himmelsberga in der Mitte der Insel ist heute ein sehenswertes Freilichtmuseum mit begehbaren Häusern, das zeigt, wie es sich früher auf Öland gelebt hat. Im 18. und 19. Jahrhundert führten Landreformen zu einer Umverteilung der Besitztümer. Daraufhin wurden niedrige Steinmauern errichtet, die die Grenzen deutlich markieren. Diese Mäuerchen – zusammen mit Windmühlen aus ergrautem Holz und Herden flauschiger Schafe – sind charakteristisch für die südöländische Landschaft.

Hofläden und Erntefest

Die Agrarlandschaft ist jedoch kein rein historisches Phänomen, sondern bringt bis heute hochwertige, handwerklich erzeugte Lebensmittel hervor. Deswegen lohnt es sich beim Herumfahren oder Wandern, in den Dörfern durch die Hofläden zu stöbern. Ob Käse von Ölands Köksmejeri, Fleischwaren von Ölands Kvalitetsprodukter, Gemüse vom Hof Mirabellgården oder Eier aus diversen Hütten mit Kasse des Vertrauens – dem ländlichen Charme und dem Geschmack von Öland kann niemand widerstehen. Und wenn es ein Gericht gibt, das man auf der Insel unbedingt probieren sollte, dann sind es die herzhaften *Kroppkakor*: Kartoffelklöße mit Fleischfüllung an Butter, Sahnesauce und Preiselbeerkonfitüre.

Im Herbst feiert ganz Öland beim größten Erntefest des Landes (Ölands Skördefest) die Vielfalt der frischen Zutaten. In der Kalenderwoche 39 (Ende September/Anfang Oktober) öffnen Bauernhöfe, Geschäfte und Gaststätten ihre Türen und gestalten gemeinsam ein Programm mit 900 Veranstaltungen auf der ganzen Insel. Auch Künstler und viele andere Unternehmen tragen zu diesem Volksfest bei. Damit ist Öland nicht – wie oft dargestellt – ein reines Sommerurlaubsparadies, sondern eine reizvolle Provinz, die zu allen Jahreszeiten voller Leben ist.

↖ Das royale Sommerdomizil Solliden – oder vielmehr sein Garten – ist eine große Attraktion. Das Innere des Gebäudes ist jedoch streng privat.
→ Eine Hobby-Ornithologin nutzt den guten Ausblick vom Vogelturm von Beijershamn.

13

DIE URLAUBS- UND KALKSTEININSEL

GOTLAND

Als größte und strategisch gut gelegene Insel in der Ostsee blickt Gotland auf eine ereignisreiche Geschichte zurück. Während die Hauptstadt Visby mit ihren historischen Bauten fasziniert, wartet die Landschaft im Norden der Insel mit Kalksteinklippen, Wäldern und weitläufigem Heideland auf.

Die ganze Insel Gotland besteht aus einem versteinerten Korallenriff. Wer aufmerksam am Wasser entlangspaziert, kann Steinchen mit Abdrücken von Fossilien finden – einfach so, in freier Wildbahn! In diesem Sinne ist Gotland eine Art riesiges Freilichtmuseum. Überall macht sich die Geschichte bemerkbar – egal, ob sie Millionen oder »nur« Hunderte Jahre zurückliegt.

Visby – Zeitkapsel der Hanse-Ära

Gotlands Hauptstadt Visby gehört zum UNESCO-Weltkulturerbe. Auch wer der Natur wegen auf die Insel kommt, sollte sich die entzückende Stadt nicht entgehen lassen. Durch ihre Lage war Visby der wichtigste Handelsknotenpunkt der Hanse und verzeichnete im 13. und 14. Jahrhundert ein enormes Wachstum; 1288 war die über drei Kilometer lange Stadtmauer (Ringmuren) fertig, von der noch das meiste übrig ist. Die prominente Stellung der Stadt endete im 16. Jahrhundert – ein Glücksfall für die Nachwelt: Während sich nämlich andere europäische Haupt- und Handelsstädte über die Jahrhunderte kontinuierlich entwickelt und verändert haben, ist Visbys Stadtkern eine Zeitkapsel geblieben. Dem Charme der pittoresken Gassen mit Rosenbüschen vor niedrigen, bunt verputzten Häusern kann sich niemand entziehen. Zu den Sehenswürdigkeiten zählen rund 200 alte Speicher und Kaufmannsvillen, der Dom (die einzige erhaltene von 13 Mittelalterkirchen), mehrere Kirchenruinen und der 2,5 Hektar große botanische Garten. Visby ist aber auch ein guter Ausgangspunkt für Ausflüge in die Natur.

Auf Höhlenexkursion

Wer Gotlands Landschaft verstehen will, muss sich mit der Geologie der Insel auseinandersetzen: Zu großen Teilen besteht sie nämlich aus Kalkstein. Die Grotte von Lummelunda (14 Kilometer nördlich von Visby) bietet Besuchern die Möglichkeit, tief ins Innere des Gesteins vorzudringen. Diese sogenannte Karsthöhle ist durch Kohlensäureverwitterung entstanden. Über Hunderttausende Jahre ist Wasser ins Gestein eingedrungen, hat den Kalk gelöst und dadurch Ritzen zu Gängen und Höhlen erweitert.

Im Gegensatz zu den meisten anderen Höhlen, die vom Meer ausgespült wurden und breit, aber nicht tief sind, führt die Lummelundagrottan mindestens vier Kilometer in den Berg hinein. Man kommt im Rahmen von gut einstündigen Führungen ins (kühle!) Innere und erlebt einen Rundgang durch das geheimnisvolle System aus großen Höhlenräumen, schmalen Gängen und Tropfsteinen.

← Ein Besuch der Lummelunda-Grotte gibt buchstäblich tiefe Einblicke in Gotlands Geologie.

Der Eingang zur Höhle war übrigens seit Urzeiten bekannt, aber erst 1948 fanden drei Jungen eine Passage in tiefer liegende Bereiche. Rund um die Höhle sind Gebäude der ehemaligen Werkssiedlung Lummelunds bruk erhalten. Der unterirdische Fluss Lummelundaströmmen wurde nämlich seit dem 16. Jahrhundert als Antrieb für Säge-, Getreide- und Walkmühlen genutzt. Durch die Umgebung führt außerdem ein Spazierpfad.

Aussichtsreiche Wanderung auf dem Küstenweg

Gestärkt mit dem Wissen über die gotländische Geologie, schätzt man die Wanderung über die und am Fuße der Kalksteinklippen umso mehr. Nördlich von Lummelunda, bei Björkume, beginnt der küstennahe Wanderpfad Klintkustleden: 30 faszinierende Kilometer durch sechs Naturschutzgebiete, vorbei an urigen Fischersiedlungen, Leuchttürmen, Resten von Wallburgen und natürlich den steil aufragenden Klippen, von denen man eine herrliche Aussicht hat. Man geht abwechselnd oben auf den Klippen und unten am Wasser entlang. Auf den Strandetappen lohnt sich so mancher Blick nach unten: Zwischen den rund gewaschenen Steinen liegen Fossilien. Sie erinnern daran, dass Gotland vor Jahrmillionen entstanden ist – und zwar in der Nähe des Äquators.

Am Klintkustleden liegt gleich im ersten Drittel der Küstenort Lickershamn. Dort, auf einer 26 Meter hohen Klippe, erhebt sich die zwölf Meter hohe »Jungfrau« – Gotlands höchster Rauk. Rauken (schwedisch *raukar*) sind Kalksteinsäulen, die durch Erosion und Auswaschungen des unterschiedlich harten Gesteins im Küstenbereich entstanden sind. Sie kommen neben Gotland auch auf den Inseln Fårö, Lilla Karlsö und Öland vor. Etwa einen Kilometer nach Lickershamn kommt ein Anstieg auf die Klippe, der vor allem bei Nässe knifflig ist. Oben eröffnet sich ein Kiefernwald, und es ist möglich, einen Abstecher zum Naturschutzgebiet Grausne källmyr zu machen, wo im namensgebenden Moor viele typische Feuchtpflanzen gedeihen. Die badefreundliche Bucht Irevik markiert die Halbzeit auf dem Klintkustleden. Seine zweite Hälfte verläuft fast gänzlich durch Hall-Hangvars Naturreservat, das größte Naturschutzgebiet Gotlands.

Vom Strand führt der Weg über eine steile Treppe auf die Klippe von Svarthäll. Auf der anderen Seite geht es wieder runter an den Strand von Sigsarve, wo ein altes Fischerdorf ein charmantes Fotomotiv abgibt. Durch einen alten Wald führt der Weg wieder auf die Klippe – mit unschlagbarem Meerblick gen Westen, besonders bei Sonnenuntergang. Das Ziel des Wanderwegs ist Hallshuk auf Gotlands nördlichster Landzunge. Auch die Steinküste von Bläse, auf der gegenüberliegenden Seite der Bucht, ist einen Spaziergang wert. Dort in der Nähe befindet sich außerdem die »Blaue Lagune«: einer von vielen stillgelegten Kalksteinbrüchen auf Gotland, der sich mit der Zeit mit Wasser gefüllt hat. Hier ist ein kleiner Badesee entstanden, der vor allem mit seiner leuchtend türkisen Farbe reizt.

↖ Auf Gotland leben mehr Exemplare der wuscheligen grauen »Guteschafe« als Menschen.
← An der Küste stößt man hin und wieder auf eine alte Fischersiedlung mit einfachen Hütten.
↗ Südlich von Visby erhebt sich die Steilküste Högklint mit einer Höhe von bis zu 48 Metern.

INFO

ANREISE

Die Reederei Destination Gotland verbindet ganzjährig den Hafen Nynäshamn bei Stockholm mit Visby; die Überfahrt dauert 3 Stunden. 2021 wurde die Linie nach Rostock verlängert: Mit Hansa Destinations kommt man über Nacht in ca. 14 Stunden nach Visby. Zudem gibt es eine Verbindung mit dem småländischen Urlaubsort Västervik (s. Seite 46). www.destinationgotland.se/de, www.hansadestinations.com

ESSEN & TRINKEN

Drei Kilometer von der Lummelundagrotte entfernt liegt der entzückende Krusmyntagården: ein Kräutergarten im Stil eines mittelalterlichen Klosters mit Geschäft, Restaurant und Tischen im Freien mit Meerblick. Dort kann man Gotlands Spezialität probieren: *Saffranspannkaka*, einen mit Safran verfeinerten Reisauflauf, der mit Kratzbeerenkonfitüre und Schlagsahne serviert wird. www.krusmynta.se

Der Bauernhof Lilla Bjers (»Kleiner Berg«) hat neben einem gut bestückten Hofladen auch ein Restaurant, das für sein fantasievolles, saisonales Verkostungsmenü bekannt ist. Die sieben Kilometer von Visby dorthin lassen sich gut radeln. www.lillabjers.se

Der Kräutergarten Krusmyntagården ist eine wahre Idylle mit Café und Meerblick.

14

IM REICH DER TROTTELLUMMEN

STORA & LILLA KARLSÖ

Vor Gotlands südwestlicher Küste liegen Stora Karlsö und Lilla Karlsö – die große und die kleine Karlsinsel. Sie stehen unter Naturschutz und sind dank ihrer schroffen, größtenteils unberührten Natur und dem Vorkommen niedlicher Vögel beliebte Ausflugsziele.

Beide Inseln sind Reste eines Korallenriffs, das sich im Laufe von unvorstellbaren 400 Millionen Jahren zu Kalkstein verfestigt hat. Stora Karlsö (wobei »groß« bei einer Fläche von knapp drei Quadratkilometern eine Übertreibung ist) gilt – nach dem 1872 gegründeten Yellowstone-Nationalpark in den USA – als das zweitälteste Naturschutzgebiet der Welt: Bereits ab 1880 stellte der deutschstämmige Naturschützer Willy Wöhler (1848–1927) durch sukzessiven Ankauf von Land auf Stora Karlsö sicher, dass die wirtschaftliche Nutzung der Insel aufhörte. Sein Verbot der Vogeljagd sicherte dort die Existenz der Trottellummen – schwarz-weißer Meeresvögel mit einer tollpatschig wirkenden Gangart, die ihnen den wenig schmeichelhaften Namen eingebracht hat. Ihre stabile Population macht die Erhebung auf Stora Karlsö zum größten Vogelberg in der Ostsee. Ende Juni herrscht besonders reges Treiben: Dann hüpfen in der Dämmerung Küken, die noch nicht fliegen können, von den Klippen. Die allermeisten überleben den halsbrecherischen Sprung und stoßen im Wasser zu ihren Familien.

Die Insel hat aber noch mehr zu bieten, etwa Rauken, ein Moor und Hänge voller wilder Orchideen. Die Höhle namens Stora Förvar beeindruckt mit ihren Ausmaßen (25 Meter tief vom Wasser ausgespült), aber auch mit ihrer Geschichte: Archäologische Funde deuten darauf hin, dass dort schon in der Steinzeit Menschen Unterschlupf suchten. Das Kalksteinplateau ist mit einer kleinwüchsigen Flora gesegnet. Außerdem hoppeln Strandhasen durch die karge Landschaft, und im August sieht man Samtenten mit einem Dutzend Küken über das Wasser gleiten.

Kleines, aber feines Naturschutzgebiet

Die Insel Lilla Karlsö (1,5 Quadratkilometer) mag zwar der kleine Bruder der Nachbarinsel sein, hat aber trotzdem ihre Eigenarten. Wie die »große Karlsinsel« ist sie von einem 66 Meter hohen, fast kreisrunden Kalksteinplateau in der Mitte geprägt. Im Osten und Westen fallen die Hänge steil ins Meer ab, während sich im Norden und Süden flache Ebenen ausbreiten. Im Vergleich wirkt das Eiland karger, einsamer. Abgesehen von den verwitterten Holzhütten beim Fähranleger gibt es keine nennenswerte Bebauung. Höchstwahrscheinlich hat niemand durchgehend auf Lilla Karlsö gewohnt, aber über Jahrtausende hinweg haben Bauern ihre Schafe zur Weide auf die Insel gebracht. Noch heute begegnet man Exemplaren der Rasse Guteschaf. Zu den gefiederten Gästen zählen neben Trottellummen auch der ebenfalls schwarz-weiße Tordalk sowie Wanderfalken.

← Malerischer Blick vom Ufer Gotlands auf die beiden Inseln Stora Karlsö (links) und Lilla Karlsö (rechts)
↓ Auf Stora Karlsö kann man das emsige Treiben der Trottellummen beobachten.

INFO

STORA KARLSÖ

Die beste Zeit für einen Ausflug ist Ende Mai bis Juni: Dann blühen die wilden Orchideen, und die Vögel sind am aktivsten. Eine Übernachtung empfiehlt sich, um die eigenwillige Landschaft auszukosten. Gästezimmer gibt es u. a. im Leuchtturm und in den dazugehörigen Gebäuden mit der ehemaligen Wohnung des Leuchtturmwärters. Die Buchung der Fähre und der Unterkunft erfolgt über denselben Veranstalter: Gastgeber ist die 1880 von Willy Wöhler gegründete Karlsö Jagd- und Tierschutzvereinigung. Abfahrt ist in Klintehamn, die Überfahrt dauert eine halbe Stunde, und die *M/S Stora Karlsö* verkehrt von Anfang Mai bis Ende August. Im Preis der Fahrkarte ist eine 2,5-stündige Führung enthalten. In Norderhamn gibt es außerdem ein Restaurant direkt am Wasser. www.storakarlso.se/deutsch

LILLA KARLSÖ

Im Gegensatz zur Nachbarinsel gibt es keine Gastronomie, man sollte also Proviant einpacken. Auch auf Lilla Karlsö kann man übernachten – in einer einfachen Herberge mit kleiner Küche.

15

ENTSCHLEUNIGTES INSELHÜPFEN

FÅRÖ

Nördlich von Gotland schließt die Insel Fårö an. Ihre Hauptstraße vom Fähranleger bis zum entgegengesetzten Ende misst lediglich 25 Kilometer, doch auf dieser kleinen Fläche findet man eine außergewöhnliche Landschaft und die berühmten Felsformationen namens »Rauken« vor.

Inseln sind schon etwas Besonderes: Sie liegen abseits, sind nicht so einfach zu erreichen, und man kann nicht kommen und gehen, wie man möchte. So ist auch Fårö kein Ort, an dem man zufällig vorbeikommt – auf das Eiland muss man wollen. Zuerst gilt es, auf die Insel Gotland überzusetzen, die bekanntlich auch keine Landverbindung hat. Und von Visby aus sind es weitere 90 Autominuten und eine kurze Fährüberfahrt über die Meerenge Fårösund.

Trotz der Nähe wirkt Fårö anders als Gotland – und anders als so ziemlich jeder andere Ort auf der Welt. Vor allem entlang der Küste sorgen die karge, den Elementen ausgesetzte Landschaft, das spezielle Licht und das Rauschen des Meeres für eine entrückte Atmosphäre. Fårö ist eine flache Moräneninsel mit spärlichen Nadelwäldern, Seen und Mooren. An mehreren Stränden stehen sogenannte »Rauken« – Felssäulen aus Kalkstein, die ihre grotesken Formen jahrtausendelanger Erosion und Auswaschung verdanken. Es sind also die härtesten Reste eines uralten Korallenriffs, das sich zu Kalkstein verfestigt hat. Besonders im Norden findet man fotogene Exemplare, etwa in den Naturschutzgebieten Langhammars und Digerhuvud. Dort sind die Küstenstreifen in westlicher Richtung ausgerichtet, sodass die Gebiete bei Sonnenuntergang besonders stimmungsvoll anmuten. Digerhuvud hat Schwedens größten »Skulpturenpark« dieser besonderen Art.

Zwischen Lauters und Bondans verläuft ein zehn Kilometer langer Wanderweg, auf dem man Fårös landschaftliche Schönheit mit Rauken, alten Höfen und faszinierender Kargheit auf kleiner Fläche erlebt. Am Weg liegt außerdem das Fischerdorf Helgumannen mit seinen rund 15 bescheidenen Holzhütten – ein klassisches Postkartenmotiv.

Filmreife Landschaft

Viele Schweden nehmen die umständliche Anreise Jahr für Jahr auf sich, um auf der abgelegenen Insel mit dem außergewöhnlichen Flair den Sommer zu verbringen. Ein Ferienhaus auf Fårö – wer das hat, der hat's geschafft. Berühmte Gäste waren beispielsweise der ehemalige Ministerpräsident Olof Palme (1927–1986) und der Filmregisseur Ingmar Bergman (1918–2007). Letzterer kam aber nicht nur zum Entspannen, sondern entdeckte Fårö 1960 auf der Suche nach der passenden Kulisse für »Wie in einem Spiegel«. Daraufhin drehte er dort eine Fernsehserie, zwei Dokumentarfilme und sechs Spielfilme, darunter die Fårö-Trilogie (»Die Stunde des Wolfs«, »Schande« und »Passion«). So oft es die Pflichten in Stockholm zuließen, zog er sich zum Leben, Schreiben und Arbeiten in sein Haus auf Fårö zurück.

→ Dieser Rauk im Naturschutzgebiet Gamla hamn wird »Kaffeekanne« oder »Hund« genannt.

INFO

ANREISE

Wie man nach Gotland kommt, wird auf Seite 63 beschrieben. Von Ende Mai bis Anfang September fährt außerdem die Reederei Sandöresor von Nynäshamn zur Insel Gotska Sandön mit dem gleichnamigen Nationalpark (3 Std.) und von dort weiter nach Fårösund (weitere 2 Std.). Diese Fähre nimmt allerdings keine Autos mit.
www.sandoresor.se

ESSEN & ÜBERNACHTEN

In der ehemaligen Tankstelle Kutens Bensin ist die beliebte Crêperie Tati untergebracht. In rustikaler Retroumgebung mit unzähligen Andenken an die 1950er-Jahre werden sowohl süße als auch herzhafte Galettes und Crêpes serviert – entweder drinnen oder auf dem Hof mit Blick auf die Felder (Fårö Broskogs 1156, auf Facebook nach »Crêperie Tati« suchen).
Der Bauernhof Stora Gåsemora Gård auf der nördlichen Hälfte von Fårö vermietet Gästezimmer in sieben unterschiedlichen Gebäuden aus vier Jahrhunderten. Urlauber haben unter anderem die Wahl zwischen einer Hütte am Strand, einem Wohnhaus aus dem 18. Jahrhundert, modernen Ferienwohnungen und einer um 1820 aus Kalkstein erbauten, viergeschossigen Mühle.
www.gasemora.se

Malerisch übernachten kann man auf dem Bauernhof Stora Gåsemora Gård mit Gebäuden aus mehreren Jahrhunderten.

Die letzten vier Lebensjahre verbrachte er auf der Insel und ist auf dem Kirchenfriedhof beigesetzt. Das Bergmancenter informiert über das Leben und Werk des schwedischen Filmemachers und beherbergt außerdem das Heimatmuseum von Fårö.

Steppenlandschaft und Badestrände

Die südliche Spitze von Fårö wartet mit dem Naturschutzgebiet Ryssnäs auf: Die steppenartige Landschaft mit weitläufigen Steinstränden wurde von Wellen und weidenden Schafen geformt. Weil dort nur wenige Bäume gedeihen, fegt der Meereswind ungehindert von beiden Ufern. Trotzdem brüten im Frühjahr Sturmmöwen, Zwergseeschwalben und Steinwälzer.

Auch die Strände auf Fårö sind eine Klasse für sich. Insbesondere auf der nordöstlichen Halbinsel Avanäset lässt es sich gut baden: Der lang gestreckte Sandstrand Sudersand schmiegt sich in eine Bucht in bester Südlage und wird im Sommer von der Sonne verwöhnt. Auf vier Kilometern ist selbst zur Hochsaison genug Platz für alle, aber im Juli können sich auf gotländischer Seite die Autos an der Fähre stauen. Den östlichsten Punkt der Insel markiert der 30 Meter hohe Leuchtturm Fårö fyr, der seit der Fertigstellung 1847 in Betrieb ist. Von dort verläuft ein Spazierweg zum nahen, fünf Kilometer langen Badestrand Norsta Aurar.

Eine Düne für Insektendetektive

Einen ruhigen Rückzugsort bietet das Naturschutzgebiet Ullahau, das ebenfalls im Nordosten Fårös liegt. Dort breitet sich eine hufeisenförmige Binnendüne aus; stellenweise ist sie 15 Meter hoch und überragt die Umgebung. Im Gegensatz zum Rest von Fårö und Gotland besteht die Halbinsel Avanäset nicht aus Kalkstein, sondern aus Sand. Man geht davon aus, dass dort um 1700 unverhältnismäßig viele Bäume gefällt wurden, außerdem fraßen Nutztiere die Landschaft kahl. So kam es zu Sandflucht: Starke Winde trugen die feinen Körner vom Strand ins Landesinnere. Um der Abblasung entgegenzuwirken, wurde vor einem reichlichen Jahrhundert ordentlich nachgeforstet; das Ergebnis ist nicht nur eine »befestigte« Düne, sondern auch ein üppiger Kiefernwald.

Während die Flora aufgrund des trockenen, nährstoffarmen Untergrunds nicht mit Vielfalt punktet, herrscht auf dem Flugsandfeld im Reich der Insekten reges Treiben. In abgestorbenen Bäumen und im Sand fühlen sich viele seltene Käfer und Hautflügler wohl. Nach dem Aufstieg auf einen Hügel kann man beispielsweise beim Beobachten von Ameisenlöwen (den Larven von geflügelten Ameisenjungfern) entspannen. Trichterförmige Vertiefungen im Sand verraten ihre Verstecke. Sobald sich eine Ameise oder ein anderes Insekt der Mulde nähert, beginnt das grausame Schauspiel: Erst wird die Beute mit Sand beworfen, um immer weiter abzurutschen, dann mittels Kieferzangen vergiftet und gelähmt, und schließlich ausgesaugt. Der wundervolle Kreislauf des Lebens …

↖ Die verwitterten Hütten der alten Fischersiedlung Helgumannen im Norden von Fårö sind ein typisches Postkartenmotiv der Insel.
↗ Gleich neben Stora Gåsemora Gård liegt ein Reiterhof mit Islandpferden.
→ Der Reiz von Fårö liegt in der urtümlichen Atmosphäre und dem besonderen Licht.

Im Naturschutzgebiet Stendörren südlich der schwedischen Hauptstadt geht man über Hängebrücken von Insel zu Insel.

RUND UM STOCKHOLM

Grüne Wanderparadiese
und Schäreninseln ganz in der Nähe
der schwedischen Hauptstadt

16

DJURGÅRDEN UND DARÜBER HINAUS

DER KÖNIGLICHE NATIONALSTADTPARK

Kann es in einer Metropole wie Stockholm wilde Plätze geben? Und ob! Vom Zentrum in die nördlichen Randbezirke verläuft ein 27 Quadratkilometer großer Park, der geschützte Natur und Kulturwerte auf weltweit einzigartige Weise kombiniert.

Im Jahr 1994 war Schweden das erste Land der Welt, das das Konzept von Nationalparks auf eine große Grünfläche in der Stadt angewendet hat. Es war König Carl XVI. Gustaf selbst, der die Ernennung und Aufnahme des Nationalstadtparks ins schwedische Umweltschutzgesetzbuch angestoßen hatte. Dadurch sind Neubauten und andere Eingriffe strengen Auflagen unterworfen: Sie dürfen historische Landschafts-, Natur- und Kulturwerte nicht beeinträchtigen.

Stockholms grüne Lunge

Bei einer Reise in die schwedische Hauptstadt kommt eigentlich jeder mit der Insel Djurgården in Berührung, denn dort sind einige der größten Attraktionen des Landes zu finden: Das Vasamuseum, das Nordiska Museet, das ABBA-Museum, das Freilichtmuseum Skansen sowie der Vergnügungspark Gröna Lund sind nur fünf Beispiele für das breite kulturelle Angebot. Auch die Schlösser Rosendal und Prinz Eugens Waldemarsudde sind reizvolle Ziele: herausragende Architektur in grüner Umgebung.

← Das blaue Tor mit Hirschen markiert den Eingang ins ehemalige Jagdrevier des Königs.

Trotz der zahlreichen Sehenswürdigkeiten ist auf Djurgården noch viel Platz für Naturerlebnisse. Das kulturelle Angebot konzentriert sich nämlich auf das westliche Viertel – dem Rest der Insel sieht man noch an, dass sie früher (bis 1809) höfisches Jagdrevier war und als solches weitgehend naturbelassen geblieben ist. Außerdem verzeichnet Djurgården den größten Bestand an alten Eichen in Nordeuropa. Wo sich die Straßen Manillavägen und Djurgårdsvägen kreuzen, steht ein besonders stattliches Exemplar: die »Königseiche«. Wenn ein König Kutschfahrten nach Djurgården unternahm, war dort der traditionelle Wendepunkt. Wer zügig geht, kann die Insel mit einer Küstenlinie von rund zehn Kilometern in zwei, drei Stunden umrunden. Der Spazierweg verläuft am Wasser entlang.

Ein Vogelsee in der City

Im Osten zeigt sich Djurgården von seiner besonders urtümlichen Seite. Mit rund 70 Arten zählt der See Isbladskärret zu Schwedens vitalsten Vogelreservaten. Dort ist eine Reiherkolonie heimisch, die ihre Nester hoch in den Bäumen baut und während der Brutzeit mit trompetenartigen Tönen auf sich aufmerksam macht. Auch andere Vögel haben sich rund um das Gewässer eingenistet: Graugänse, schwarz-braune Teichrallen und Schnatterenten gehören zu den Stammgästen, die in dem Feuchtbiotop jedes Jahr ihre Eier legen. Und der eine oder andere Zwergtaucher und Kiebitz wurde ebenfalls gesichtet. Manchmal legen sogar Blaukehlchen auf ihrem Weg in die Berge auf Djurgården eine Pause ein. Die gefiederten Bewohner vertragen sich mit der kleinen Herde Schottischer Hochlandrinder, die von Mai bis September auf den Wiesen grasen und so die Vegetation in Schach halten. Ohne sie würde der Vogelsee bald zuwachsen. Von einer Aussichtsplattform lässt sich das rege Treiben gut beobachten. Außerdem wird der See von einem Spazierweg umrundet.

Spontanes Schärenerlebnis

Sogar die winzige Inselgruppe Fjäderholmarna östlich von Djurgården gehört zum Nationalstadtpark. Dorthin sollte man fahren, wenn man keine Zeit für längere Ausflüge in den Stockholmer Schärengarten hat. Die Fähre legt im Sommer stündlich ab (von Gamla Stan und Strandvägen) und braucht nur 25 Minuten. Auf Stora Fjäderholmen können sich Besucher Gastronomie und Künstlerateliers erwarten, außerdem kann man die grüne Insel in einer halben Stunde umrunden. Die felsige Umgebung und die roten Häuser geben einen realistischen Vorgeschmack auf den Rest des Archipels, der vor Stockholm bis weit hinaus in die Ostsee gestreut ist.

Rund um die Bucht Brunnsviken

Von Djurgården aus verläuft der Nationalstadtpark in nördlichere Gefilde. Oberhalb der Stockholmer Innenstadt teilt die Bucht Brunnsviken eine weitere große Grünfläche in zwei Teile. Auf der westlichen Seite liegt der weitläufige Hagapark, dem Bäume und sanft hügelige Wiesen den Anschein geben, natürlich entstanden zu sein. Doch der Park wurde im 18. Jahrhundert unter dem feingeistigen König Gustav III. nach dem Vorbild englischer Landschaftsgärten angelegt. Er hatte auch in Sachen Bebauung ehrgeizige Pläne für den Hagapark, doch allzu weit kam er nicht mit der Umsetzung, bevor er 1792 bei einem Maskenball ermordet wurde. Immerhin: 1787 wurde das Lustschloss (Gustav III:s paviljong) fertig, das im Sommer Besuchern offen steht, und der Echotempel diente seiner Majestät zumindest zwei Jahre lang als Speisesaal an der frischen Luft. Ganz in der Nähe steht – hinter einem hohen Zaun – das Schloss Haga, wo Thronfolgerin Victoria mit ihrer Familie lebt. Das Gelände ist der Öffentlichkeit jedoch nicht zugänglich.

Am östlichen Ufer der Bucht kann man die Abendsonne im Botanischen Garten (Bergianska trädgården) genießen. Obwohl dieser systematisch bepflanzt ist, fügen sich die verschiedenen Bereiche vollkommen natürlich in die Landschaft ein. Neben Abschnitten mit einheimischen Arten gibt es einen friedlichen japanischen Garten und eine italienische Terrasse. Die Exoten, die besonders viel Licht und hohe Temperaturen brauchen, sind im Gewächshaus (Edvard Andersons växthus) untergebracht. Der namensgebende Sponsor Edvard Anderson (1865–1936) war durch den Handel mit Glas reich geworden und vermachte sein Vermögen der Stadt, um ihren Bewohnern mit einem Gewächshaus Mittelmeerurlaub im Kleinformat zu ermöglichen.

↖ Im Hagapark steht unter anderem der Echotempel, der einst als luftiger Speisesaal diente.
← Zu Prinz Eugens Waldemarsudde gehört ein liebevoll gestalteter Garten mit Wasserblick.
↗ Das Schloss Rosendal steht Besuchern im Sommer offen, wenn Führungen stattfinden.

INFO

ZUR ORIENTIERUNG

Djurgården hat seine eigene Touristeninformation: Das Royal Djurgården Visitor Center liegt dort, wo man die Insel von Östermalm über die Brücke Djurgårdsbron erreicht.
www.royaldjurgarden.se
Eine Übersicht über den Nationalstadtpark inklusive der nördlichen Gebiete bietet die interaktive Karte Naturkartan.
www.naturkartan.se/sv/nationalstadsparken

RÄDER UND BOOTE MIETEN

Im selben Gebäude befindet sich das Sjöcaféet: ein Café am Wasser, das Kajaks, Kanus, Tretboote und Fahrräder vermietet. Im Takt der Paddelschläge gleitet man – entweder im oder am Wasser – den schmalen Kanal entlang, der Djurgården von Östermalm trennt (geöffnet April–Sept. regulär, sonst auf Anfrage; Tel. 0046/8/660 57 57).
www.sjocafeet.se

ESSEN & TRINKEN

Auf Djurgården kann man sich im Café des Nutzgartens Rosendals Trädgård stärken. Bei Regen sitzt man im romantischen Gewächshaus, im Sommer draußen unter Apfelbäumen.
Im Hagaparken ist das Café Koppartälten eine einmalige Adresse: Die »Kupferzelte« stammen aus der Zeit von Gustav III. und sind einem römischen Militärlager nachempfunden.

Im Sjöcaféet kann man sich ein Tretboot mieten und in Gesellschaft von Freizeitbooten über den Kanal gleiten – mitten in einer Millionenstadt!

17

OASE FÜR JEDE JAHRESZEIT

DAS NATURSCHUTZGEBIET NACKA

An der Grenze zur Gemeinde Nacka im Südosten von Stockholm leistet sich die schwedische Hauptstadt ein 8,5 Quadratkilometer großes Naturschutzgebiet. Mit 1,5 Millionen Besuchern pro Jahr ist es höchstwahrscheinlich das am fleißigsten genutzte des Landes, und doch fühlt sich die Landschaft wild an.

Mit sieben Seen, schroffen Klippen, Kiefern- und Fichtenwäldern sowie leichten Spazier- und Wanderwegen für jedes Zeitbudget hat sich das Naturschutzgebiet Nackareservatet einen Platz in den Herzen der Stockholmer erobert. Am Wasser nisten Krickenten und Prachttaucher, während Biber tiefe Kerben in die Bäume nagen. Im Herbst findet man reichlich Beeren und Pilze, und im Winter kommen die Einheimischen zum Langlaufen oder um mit Schlittschuhen über das Natureis zu zischen. Dann kann man an den Stromschnellen Wasseramseln bei der Jagd auf Insekten beobachten.

Aus allen Himmelsrichtungen kommt man hinein ins grüne Vergnügen, und der Anschluss an öffentliche Verkehrsmittel ist kinderleicht. Bei der Metrostation Björkhagen gelangt man auf den ersten Abschnitt des orange markierten Fernwanderwegs Sörmlandsleden. Die 5,2 Kilometer lange Etappe verläuft quer durch das gesamte Naturschutzgebiet, vorbei an zwei Seen. Am Ulvsjön erhebt sich der Ulvsjöberget, von dem man eine gute Aussicht hat. Nördlich des Ulvsjön liegt das beliebte Naherholungsgebiet Hellasgården mit Restaurant, Café, Sauna und Übernachtungsmöglichkeiten – ein wahres Tor zur Natur. Entweder zweigt man vom Sörmlandsleden dorthin ab oder fährt aus der Stadt direkt bis Hellasgården. Dort bietet sich der fünf Kilometer lange, gelb markierte Rundweg um den See Källtorpssjön an (Källtorpssjön runt bzw. Gula spåret). Unterwegs überwindet man mehrere Anhöhen.

Über kurz oder lang

Ein einfacher und doch abwechslungsreicher Rundweg startet und endet an der Station Sickla udde und führt auf reichlich drei Kilometern um den schmalen See Sicklasjön herum. Im Norden grenzt das Gewässer an den hochmodernen Stadtteil Hammarby Sjöstad, während es am Südufer im Naturreservat durch einen üppigen Wald geht.

Wer Lust auf noch mehr Natur hat, kann dem »blauen Pfad« (Blå spåret) folgen, der durch das angrenzende private Naturgebiet Erstavik folgt: Er beginnt bei Hellasgården und verläuft an einer herrlichen Badebucht vorbei bis in den maritimen Nobelvorort Saltsjöbaden. Die Wege sind weniger ausgetreten als in Nacka, was der Wanderung einen abenteuerlichen Touch verleiht. Am Ziel sollte man es sich nicht entgehen lassen, dem imposanten Grand Hotel und dem pittoresken Hafen einen Besuch abzustatten. Die 1893 eingeweihte »Saltsjöbahn« fährt direkt bis Slussen zurück.

← Wer nicht mit Auto, Bus oder Metro fahren möchte, gelangt auch mit der Fähre ins Naherholungsgebiet von Stockholm.
↓ Das Grand Hotel in Saltsjöbaden – eine exklusive Adresse für eine Einkehr

INFO

ORIENTIEREN

Die interaktive »Naturkarte« kennt die besten Stellen im Naturschutzgebiet Nacka. Alle begehbaren Pfade sind eingezeichnet, und einige Wege sind darüber hinaus individuell beschrieben. Auch Aussichtspunkte, Eingänge, Haltestellen und viele weitere Punkte sind leicht erkennbar. www.naturkartan.se/nacka

ÜBERNACHTEN

Im Naherholungsgebiet Hellasgården ist man mittendrin im Geschehen: Es strahlen nicht nur mehrere Wanderwege aus, sondern man kann auch vor Ort an Aktivitäten teilnehmen – und zwar das ganze Jahr: Boule spielen, angeln, eisbaden, saunieren und vieles mehr. Vermietet werden acht Gästezimmer mit je zwei Doppelstockbetten, die aber nicht pauschal, sondern nach Personenanzahl abgerechnet werden. www.hellasgarden.se/stugor

Wenn's etwas Besonderes sein darf, bietet sich das Grand Hotel in Saltsjöbaden an, wo schon Frank Sinatra und Ava Gardner genächtigt haben. Oder man gönnt sich dort ein Mittag- oder Abendessen. www.grandsaltsjobaden.se

18

VOR DEN TOREN DER HAUPTSTADT

NATIONALPARK TYRESTA

Eine halbe Autostunde vom Stockholmer Zentrum entfernt entfaltet sich ein von Seen und Moorgebieten durchdrungener Urwald. Seit hundert Jahren kommen die Städter dorthin, um bei einer Wanderung abzuschalten, ein Lagerfeuer zu machen und im Spätsommer Beeren und Pilze zu pflücken.

Südschwedens ältester und am wenigsten berührter Wald liegt nur 20 Kilometer vom Stockholmer Zentrum entfernt. Trotz der Nähe zur Millionenstadt ist die Natur intakt und wild geblieben – die Bäume mit den meisten Jahresringen stehen seit 350 Jahren. Und dennoch: Im Jahr 1999 hat es einen Waldbrand gegeben, von dem sich ein Fünftel des insgesamt 1970 Hektar großen Nationalparks immer noch erholt. Neun Seen, moorige Gebiete und felsige Anhöhen sorgen für Variation. Das größte und tiefste Gewässer ist der Stensjön (»Steinsee«), der vermutlich durch eine Verwitterung im Granitgestein entstanden ist. Am Nordufer steigt der Fels steil aus dem Wasser; von oben hat man aus 30 Meter Höhe eine faszinierende Aussicht. Bereits vor etwa 1500 Jahren müssen Menschen diesen Hügel entdeckt haben, denn dort findet man Reste einer Wallburg aus der Zeit der Völkerwanderung.

Die meisten Besucher betreten den Nationalpark aus der angrenzenden Ortschaft Tyresta by. Dort werden sie vom »Haus der Nationalparks« begrüßt: Das Besucherzentrum Naturum – Nationalparkernas Hus informiert nicht nur über die Natur, interessante Wanderwege und präparierte Feuerstellen in Tyresta, sondern stellt auch die rund 30 weiteren Nationalparks in Schweden vor. Das eigenwillige Gebäude mit 41 Ecken ist übrigens der Form Schwedens nachempfunden – im Maßstab 1:31.000.

Kein gewöhnlicher Wald

Abseits des dramatisch anmutenden Brandgebiets wird der Nationalpark von Nadelwald dominiert, der über Jahrhunderte kaum Brände oder Abholzungen erlebt hat. Für Südschweden ist das ungewöhnlich, denn die Menschen machten oft durch Brandrodung Platz für Ackerflächen, brauchten Feuerholz für Eisenhütten oder nutzten das Holz als Baustoff. Es ist wohl auf eine Reihe glücklicher politischer und geografischer Gegebenheiten zurückzuführen, dass dieser alte Wald nahe der Hauptstadt erhalten geblieben ist. Im Jahr 1930, als gerade eine Abholzung geplant wurde, bemerkte ein Forstbeamter die Besonderheit und überzeugte die Stadtverwaltung, stattdessen ein Naherholungsgebiet einzurichten. Im Laufe der Jahrzehnte wurde der Naturschutz immer weiter erhöht, bis man das Gebiet 1993 zum Nationalpark erklärte. Dieser umfasst allerdings nur einen Teil eines viel größeren Naturgebiets, von dem weitere Abschnitte unter Naturschutz stehen.

INFO

ANFAHRT

Mit den öffentlichen Verkehrsmitteln braucht man eine Stunde bis Tyresta by. Am bequemsten ist die Fahrt mit der S-Bahn (Pendeltåg) bis Handen, wo man in den Bus umsteigt. Mit dem Auto legt man die 25 Kilometer in einer halben Stunde zurück.
www.sverigesnationalparker.se/tyresta

IN DER NÄHE

Fünf Kilometer nördlich vom östlichen Eingang Brakmaren liegt das Schloss Tyresö aus dem 17. Jahrhundert. Im Sommer kann man einige Räume besichtigen, aber auch von außen ist die Umgebung sehenswert. Und beim Pilgerzentrum (Pilgrimscentrum) der schwedischen Kirche, das auch ein Café hat, starten einige besinnliche Wanderwege durch die Natur. Entweder schließt man sich einer Gruppenwanderung an oder man orientiert sich anhand der kostenlosen Broschüren. Im dazugehörigen Hostel Prinsvillan und auf der vorgelagerten Insel Notholmen kann man günstig übernachten.
www.tyresoforsamling.se/pilgrimscentrum,
www.nordiskamuseet.se/slott-gardar/tyreso-slott

← Unbeschreibliches Schauspiel der Natur: Die herbstlich gefärbte Landschaft lädt zum Staunen und Verweilen ein.
↑ Im Sommer können die Innenräume von Schloss Tyresö teilweise besichtigt werden.

19

SPAZIERGANG ÜBER HÄNGEBRÜCKEN

STENDÖRREN

Im Naturschutzgebiet Stendörren zwischen Nyköping und Trosa braucht man kein Boot, um den Reiz der Schären zu erleben. Von einer Halbinsel geht es über Hängebrücken durch eine einmalige Wasserlandschaft. Das Besucherzentrum Naturum informiert über Flora und Fauna.

Die Provinz Sörmland mag (noch) keinen Nationalpark haben, aber dieses Manko macht sie mit etwa 170 Naturreservaten wett. Unter diesen ist Stendörren (»die Steintür«) nicht nur eines der ältesten und größten, sondern auch das beliebteste. Seit 1972 steht das einzigartige Gebiet an der Ostseeküste unter Naturschutz, und es lockt jährlich etwa 200.000 Besucher an. Das Besondere am Naturschutzgebiet Stendörren sind die fünf schmalen Hängebrücken für Fußgänger, die vom Festland auf die Inseln führen. Im Gegensatz zu anderen Ausflügen in die Schären ist man nicht darauf beschränkt, mit einer Fähre eine Insel anzusteuern und diese dann zu umrunden, sondern man spaziert quasi von Felsen zu Felsen und hat dabei ein herrlich interaktives Wandererlebnis.

Besucherzentrum, Aussichtsturm und Lehrpfad

Das Reservat umfasst jedoch nicht nur die Inseln, sondern ein beachtlicher Teil der 923 Hektar liegt auf dem Festland, also auf der Landzunge Aspnäset. So auch das Besucherzentrum Naturum, das bei freiem Eintritt die Pflanzen- und Tierwelt über und unter Wasser vorstellt. Erst 2021 wurde außerdem ein elf Meter hoher, hölzerner Aussichtsturm eingeweiht, von dem man die Inselwelt überblickt. Am nordöstlichen Ufer der Landzunge verläuft der 2,5 Kilometer lange »Erlebnispfad« (Upplevelseleden). Infotafeln am Weg erzählen Anekdoten aus der Geschichte der maritimen Region. Bereits vor tausend Jahren haben sich die ersten Bewohner im Schärengarten der heutigen Provinz Sörmland niedergelassen. Sie lebten primär von Fischfang und Landwirtschaft, mussten als Insulaner aber eigentlich Alleskönner sein: Bäume abholzen, Robben und Seevögel jagen, als Lotsen Schiffe begleiten und Leuchttürme anzünden – das und vieles mehr gehörte bis weit ins 20. Jahrhundert zum Schärenalltag dazu.

Das Naturum vermietet zwei einfache Ferienhäuschen auf der Insel Ekholmen mit vier bzw. sechs Betten. Wer dort übernachtet, hat ein uriges Schärenerlebnis vor sich: Die Unterkunft erreicht man per Ruderboot, und im Haus gibt es weder Strom noch fließendes Wasser. Geheizt wird mit Holz und gekocht am schmiedeeisernen Holzofen. Trotz – oder vielmehr wohl gerade wegen – des geringen Komforts sind die Hütten so beliebt, dass die Gäste in der Hochsaison (Kalenderwochen 24 bis 34) sowie an Feiertagen ausgelost werden müssen. Ab Mitte August kann man aber regulär buchen.

← Das perfekte Ziel für spontane Ausflüge: In der Inselwelt von Stendörren ist man nicht auf Fähren angewiesen, sondern geht einfach über Brücken.
↓ Das Besucherzentrum Naturum informiert bei freiem Eintritt über das Naturschutzgebiet.

INFO

ANFAHRT

Am besten erreicht man das Naturschutzgebiet Stendörren mit dem Auto. Es gibt zwei kostenlose Parkplätze (Äspkärs- und Naturumparkeringen). Von Nyköping bzw. Trosa sind es 30, von Stockholm ca. 100 Kilometer. Von Nyköping fährt außerdem der Bus 554 bis zur Haltestelle Stendörren. Von dort sind es noch vier Kilometer Fußweg bis ans Wasser.

SERVICES VOR ORT

Das Besucherzentrum Naturum hat nur im warmen Halbjahr geöffnet (Mai–1. So im Okt., Juli–Aug. tgl. 11–17 Uhr, ansonsten Sa/So 11–17 Uhr). Der Eintritt ist frei. Vom benachbarten Foodtruck gibt es Backwerk, Eis, leichte Gerichte und Würstchen vom nahen Bauernhof Bergs Gård. Dort können Besucher auch Kajaks, SUPs und Ruderboote mieten.
Vorreservierung: www.bergsgard.se/stendörren;
Buchung Ferienhütten: Tel. 0046/10/223 44 20,
www.lansstyrelsen.se/sodermanland/besoksmal

20

GRÜNE OASEN IN UND UM DIE STUDENTENSTADT

LINNÉS UPPSALA

Der schwedische Naturforscher Carl von Linné hat nicht nur Pflanzen, Tiere und Mineralien untersucht, sondern auch ihre zweiteiligen lateinischen Namen eingeführt. Gut die Hälfte seines Lebens verbrachte er in Uppsala. Die Universitätsstadt ist noch heute ein Höhepunkt für Gartenfreunde.

Carl von Linné (1707–1778) zählt zu den bekanntesten Schweden aller Zeiten. Als Naturforscher und Arzt interessierte er sich dafür, die Arten von Pflanzen, Tieren und Mineralien zu bestimmen und systematisch zu erfassen. Mit der zweiteiligen Benennung legte er die Grundlage des modernen botanischen und zoologischen Klassifikationsschemas. Und so heißt seine Lieblingsblume, das Moosglöckchen, auf Lateinisch *Linnaea borealis*.

Ab 1740 war Linné Professor an der Universität von Uppsala und hatte dadurch die Aufsicht über den damaligen botanischen Garten. Mit Eifer machte sich der 34-Jährige daran, die verwahrlosten Beete mit Leben zu füllen, und hob die Anzahl der systematisch angebauten Pflanzen von 300 auf 3000 an. Es waren nicht nur einheimische Arten, sondern auch Exoten, die sich der Botaniker von Studenten, Freunden, ja sogar Königen aus fernen Ländern zusenden ließ. Auch Affen, Papageie, Pfauen und südamerikanische Agutis sollen sich dort getummelt haben.

Heute steht der Linnégarten (Linnéträdgården) Besuchern in der warmen Jahreshälfte offen. Zum Garten gehört außerdem das ehemalige Professorenwohnhaus, das Linné bis zu seinem Tod mit seiner Familie bewohnte. Auch dieses ist begehbar: Es beinhaltet das Linnémuseum, das Möbel, Porträts, Notizblöcke, Bücher und andere persönliche Gegenstände zeigt. Einiges erinnert an die Expeditionen, die Linné unternommen hatte, um die Flora und Fauna in Schwedens Provinzen zu erforschen. Im Laufe seiner Karriere reiste er unter anderem nach Lappland, Öland, Gotland und Skåne.

Wandern auf Linnés Spuren

Carl von Linné brachte es jedoch nicht nur als Wissenschaftler zu Weltruhm, sondern wurde von seinen Studenten auch als Pädagoge geschätzt: Er fand, man lerne am besten draußen im Grünen. Im Frühling – in den letzten Wochen vor Semesterende und meistens mittwochs und samstags – führte er um die 40 Nachwuchsbotaniker und -mediziner bei sogenannten »Herbationes Upsalienses« durch die Landschaft rund um Uppsala; zeitweise schlossen sich 200 Studenten an. Zunächst sollte jeder für sich eine halbe Stunde durch die Natur streifen und Blätter, Kräuter, Insekten und Steine einsammeln. Unter Linnés Aufsicht wurden die Funde identifiziert und protokolliert. Begleitet vom Klang von Trommeln und Trompeten wanderten die Naturforscher danach zurück in die Stadt.

Acht Exkursionspfade hat Carl von Linné entwickelt. Diese Wege hat die Gemeinde Uppsala rekonstruiert und mit

→ Der botanische Garten von Uppsala mutet heute stellenweise ganz modern an.

Schildern markiert, auf denen das Profil des Forschers abgebildet ist. Sieben dieser »Linnépfade« starten am Stadtrand, der achte zieht sich durch das Dorf Jumkil. Am leichtesten erreichbar ist die 16 Kilometer lange »Danmark-Wanderung«. Nein, sie führt nicht nach Dänemark, sondern ist nach dem 8000 Einwohner starken Ort Danmark südöstlich von Uppsala benannt. Dieser Pfad ist auch deswegen besonders interessant, da er an zwei Höfen vorbeikommt, die Linné 1758 erwarb: Sävja und Hammarby. Im ersten bekamen die Studenten Frühstück, im zweiten gab's Abendessen.

INFO

DIE LINNÉPFADE

Die Gemeinde Uppsala hat eine Website (auf Schwedisch und Englisch) eingerichtet, die alle acht Linnépfade vorstellt. Es gibt Karten, Beschreibungen von Orten am Weg und eine Übersicht über Pflanzenarten, nach denen man Ausschau halten sollte. Für vier der Pfade gibt es außerdem eine Schnitzeljagd, die man mittels GPS-Gerät (bei Biotopia auszuleihen) meistert. www.linnestigarna.se

WEITERE LINKS

Linnémuseum: www.linnaeus.se/en
Linnégarten: www.botan.uu.se/our-gardens/the-linnaeus-garden
Hammarby: www.botan.uu.se/our-gardens/linnaeus-hammarby

Zum überschaubaren Linnégarten gehört auch eine Orangerie mit dem ehemaligen Professorenwohnhaus.

Und wer unterwegs die exotischsten Spezies gefunden hatte, durfte an der Tafel neben dem Professor sitzen.

Was Linné und seine Studenten auf ihren Exkursionen durch die Landschaft wohl gesehen haben? Auch wenn das Jedermannsrecht vorschreibt, dass man in der Natur »nicht stören und nichts beschädigen« soll (s. auch das Special Seite 100), kann man bei einer Wanderung auf den Linnépfaden in die Natur eintauchen und die Faszination der Herren des 18. Jahrhunderts nachempfinden. Und eine kulinarische Belohnung am Ende ist ebenfalls möglich.

Linnés Hammarby

Carl von Linnés ehemaliges Landhaus Hammarby ist ein beliebtes Ausflugsziel mit Café, wo die Atmosphäre des 18. Jahrhunderts bestmöglich bewahrt wurde. Im Rahmen einer Führung (Mai bis September geöffnet) kommt man in das Haus, in dem Möbel und kunstvolle Tapeten originalgetreu sind. Im Schlafzimmer hängen Pflanzenbilder dicht an dicht, ähnlich wie heute Poster von Stars in so manchem Kinderzimmer. Die Beete im Garten sind so bepflanzt, wie es zu Linnés Zeiten hätte sein können. Etwas abseits von den hölzernen Hauptgebäuden steht auf einem Hügel Linnés selbst gebautes Naturalienmuseum: ein Häuschen aus Stein, in dem seine Sammlung vor Feuer geschützt sein sollte. Rund um die Anlage erstreckt sich ein malerisches Kulturreservat.

Grünes Uppsala

Seine beiden Landhäuser schaffte Carl von Linné an, weil in der Stadt gesundheitsschädigende Zustände herrschten. Er selbst litt mit 51 Jahren an Gicht und Depressionen, während seine Frau und eine Tochter am »Uppsalafieber« erkrankt waren. Wäre er heute noch am Leben, würde er sich bestimmt darüber freuen, wie grün »sein« Uppsala geworden ist. Da gibt es den Stadtpark (Stadsträdgården) mit Schatten spendenden Bäumen am Fluss und – als Gegenteil dazu – den akkurat angelegten Barockgarten unterhalb des Schlosses. Wenige Jahre nach Linnés Tod überließ König Gustav III. den Schlossgarten der Universität, und so übersiedelten die Nachfolger Linnés Pflanzensammlung in den heutigen botanischen Garten. Dieser umfasst auch die Orangerie »Linnéanum« und ein tropisches Gewächshaus. Wer auf der Fußgängerbrücke Hamnspången startet, das Schloss auf der nördlichen Seite passiert, einmal längs durch den Schlossgarten schreitet, durch die Tausenden Arten im »Botaniska« stöbert und sich schließlich im Café Victoria eine Stärkung gönnt, hat zwei Kilometer ununterbrochen durch Grünanlagen zurückgelegt.

↖ Etwa zwölf Kilometer südöstlich von Uppsala hatten die Linnés ihr Landhaus namens Hammarby. Im Sommer kann man es besichtigen.
↗ Der Stadtpark ist nur eine von mehreren grünen Oasen in der quirligen Studentenstadt.
→ Ordnung und Symmetrie: Im Schlossgarten dominieren die Ideale des Barock.

Der Fluss Fyrisån teilt den Stadtkern von Uppsala in zwei Hälften. Am Ufer lässt es sich herrlich entspannen und spazieren gehen.

21

KÜSTEN- UND SCHÄRENREGION

ROSLAGEN

Nördlich von Stockholm endet ziemlich abrupt der urbane Ballungsraum, und ein dünn besiedelter Landstrich mit Inseln, Buchten und viel Wald schließt sich an: die Küstenregion Roslagen. Historische Schmieden und malerische Siedlungen am Wasser sorgen für Abwechslung und gelungene Urlaubsfotos.

Die Grenzen des Gebiets Roslagen sind nicht genau definiert, aber in der Regel werden die vier Gemeinden Vaxholm, Österåker, Norrtälje und Östhammar dazugerechnet. Damit ist die Küstenregion etwa 150 Kilometer lang. Neben dem Festland an der Ostsee zählen Tausende Inseln dazu. Noch etwas länger – nämlich 190 Kilometer – ist der Wanderweg Roslagsleden, der sich vom Stockholmer Vorort Danderyd bis in das charmante Hafenstädtchen Grisslehamn schlängelt. Er ist in elf Abschnitte unterteilt, wovon allerdings nur der letzte zum Großteil am Wasser entlang verläuft.

Von Sandviken nach Grisslehamn

Die nördlichsten 20 Kilometer des Roslagsleden sind landschaftlich ganz besonders reizvoll. Zum Wasser hin wechseln sich Steinstrände, rundgewaschene Klippen und Kiefernwälder ab. Dass die Wege von den Einheimischen gerne begangen werden und dementsprechend ausgetreten sind, ist ein Vorteil: So kann man sich beim Wandern auf die Umgebung konzentrieren und muss nicht ständig auf die eigenen Füße schauen.

← Die historische Eisenhütte Wira Bruk ist eine lohnende Station am Wanderweg Roslagsleden.

Auf etwa halber Strecke passiert man die Kieselfelder von Vaddö: quasi Steinstrände fernab des Wassers. Vor langer Zeit waren sie unter Wasser, doch durch die Landhebung ist der ehemalige Meeresgrund langsam ans Tageslicht gekommen. Aus demselben Grund heißt die erste Siedlung nach Sandviken auch Gamla Grisslehamn (»Alt-Grisslehamn«): Früher war es ein geschäftiges Fischerdorf mit einem Hafen, von dem auch Sendungen und Passagiere über die Ostsee nach Åland befördert wurden. Doch durch den Anstieg der Landmasse wurde die Bucht immer flacher, sodass man eine neue Stelle mit tieferem Wasser suchte – und den maritimen Knotenpunkt ins heutige Grisslehamn verlegte.

Dort herrscht nach wie vor reger Verkehr zu Wasser, und obwohl das Dorf nur um die 500 Einwohner verzeichnet, fehlt es an nichts: Über dem Hafen erhebt sich das beliebte Hotel Havsbaden, in dessen ansehnlicher Wellnessabteilung man den Wandertag entspannt ausklingen lassen kann. Von der Terrasse sieht man die Fähren, die die Ålandinseln anfahren. Und in zehn Minuten erreicht man zu Fuß das sehenswerte Albert-Engström-Museum. Es beschäftigt sich mit dem Leben und Werk des schwedischen Malers und Schriftstellers Albert Engström (1869–1940). Der Höhepunkt des Rundgangs ist das Atelier: ein rot-weißes Häuschen voller Zeichnungen, das auf einer Klippe zu balancieren scheint.

Auf der Spur des Postboten

Der Roslagsleden ist keine neue »Erfindung«, sondern folgt einem Pfad, der vor etwa 400 Jahren als Postweg angelegt wurde. Um die Mitte des 17. Jahrhunderts war Schweden eine Großmacht, die neben dem heutigen Gebiet auch Finnland, Estland und Lettland mit umfasste. Um als Reich zu funktionieren, wurde unter Königin Kristina (1626–1689) das Postwesen reformiert, und eine der Routen führte durch Roslagen und über die Ålandinseln ins heutige Turku. Die Bauern am Weg waren verpflichtet, die Post zu Fuß von Meilenstein zu Meilenstein zu bringen, wobei eine schwedische *mil* zehn Kilometern entspricht und nicht länger als zwei Stunden dauern durfte. Wer bummelte, konnte im Gefängnis landen. Heute hat man den Luxus, den Roslagsleden ganz entspannt zu gehen und dabei die Natur und die geschichtsträchtigen Überbleibsel zu genießen. Mit etwas Planung kann man nach der Wanderung per Bus zurück- bzw. weiterfahren. Es gibt aber auch leistbare Unterkünfte am Weg.

Historische Schmieden

Im 17. und 18. Jahrhundert erlebten einige Schmieden in Roslagen ihre Blütezeit. Der fünfte Abschnitt des Roslagsleden passiert eine davon: Er führt vom idyllischen Naherholungsgebiet Domarudden (mit einer der urigsten Saunen am See, die man in Schweden findet!) über 20 Kilometer bis zur Eisenhütte Wira Bruk. Die Siedlung mit roten Häuschen am kraftvollen Fluss Viraån beherbergt ein Café, ein Museum und die ehemalige Wohnung des Aufsehers, wo heute ehernes Kunsthandwerk zum Verkauf steht. Doch die Idylle trügt: Um 1650 fungierte Wira Bruk als wichtigste Waffenschmiede des kampflustigen Schwedens; bis 1775 hatte sie das Monopol auf Degen, Bajonette und Säbel. Zu Friedenszeiten fertigte man stattdessen Äxte, Messer und Sensen. Darüber hinaus rekrutierte Schweden geschickte Wallonen (aus dem heutigen Belgien) für die im frühen 17. Jahrhundert gegründeten Schmieden in Lövsta, Österby, Forsmark und Gimo.

Von Norrtälje in die Schären

Wer statt einer Wanderwoche eher einen Tages- oder Wochenendausflug vorhat, kann bereits in Norrtälje (70 Kilometer nördlich von Stockholm, 45 Kilometer südlich von Grisslehamn) und Umgebung einen Eindruck von der Region bekommen. Die Stadt mit ca. 20.000 Einwohnern gilt als Hauptstadt von Roslagen. Mitten durchs Zentrum fließt der Norrtäljeån, und zu beiden Seiten des Kanals lässt es sich angenehm spazieren.

Außerdem legen am Hafen Boote in die Schären ab. Die Inseln Lidö und Arholma sind zwei naturbelassene Ausflugsziele mit Möglichkeiten zum Übernachten. Erstere ist ein Naturschutzgebiet mit typischer Schärenvegetation. Durch den Wald verlaufen mehrere Pfade, außerdem gibt es einen kleinen Sandstrand zum Baden. Arholma ist etwas größer und wird das ganze Jahr über bewohnt und landwirtschaftlich genutzt. Dort erlebt man in kürzester Zeit viele Facetten des Schärenalltags: Folgt man den Wegen von der Anlegestelle und dem Lebensmittelgeschäft zum Bauernhof Simesgården, kommt man an Feldern und beweideten Wiesen vorbei – ein wirkungsvoller Kontrast zu den Waldgebieten und felsigen Stränden.

← Im Wohnhaus und Atelier des Künstlers Albert Engström ist sogar die Küche originalgetreu.
↗ Ein gemütliches und ruhiges Etappenziel am Roslagsleden ist Domarudden mit Ferienhäuschen und uriger Sauna am See.

INFO

ANREISE

Der Bus 676 fährt von Stockholm (Haltestelle Tekniska högskolan) in einer Stunde direkt nach Norrtälje. Dort hat man Anschluss an den Bus 637 nach Grisslehamn, der eine weitere knappe Stunde braucht. Beide gehören zum Stockholmer Verkehrsnetz (SL). Fahrkarten löst man am bequemsten über die SL-App.
Abfahrtszeiten unter: www.sl.se

ÜBERNACHTEN

Domarudden: direkt am Roslagsleden und urig, günstig und am See.
www.domarudden.se
Havsbaden Spa & Resort: stilvolles Hotel mit Meerblick in Grisslehamn.
www.hotellhavsbaden.se
Lidö Värdshus: idyllisch und noch dazu CO_2-neutral wohnen.
www.lidovardshus.com
STF Arholma Bull-August: hinreißende Pension auf der Insel Arholma.
www.bullaugust.com
Weitere Tipps: www.roslagen.se/en

Zum Naherholungsgebiet Domarudden gehört auch eine geschützte Bucht mit Badestrand, Klippen und Grillplätzen.

22

EIN LUSTGARTEN IM MEER

NATIONALPARK ÄNGSÖ

Vor der Küste von Roslagen liegt ein Eiland mit besonders authentischer Schärennatur: Ängsö, die »Wieseninsel«. Dorthin fährt man im Frühling, um die namensgebenden Blumenwiesen zu bewundern, wo allerlei wilde Orchideen wachsen. Aber auch weidende Kühe und dichte Nadelwälder gibt es auf dem überschaubaren Areal.

Am schönsten ist die Insel im Frühling und Frühsommer, wenn ein Meer aus Schlüsselblumen, Buschwindröschen und wilden Orchideen blüht, darunter die Grüne Hohlzunge, Vogel-Nestwurz und Weiß-Waldhyazinthen. Viele Besucher kommen zwischen Mitte Mai und Mitte Juni, um die Blütezeit des Holunder-Knabenkrauts zu erwischen. Dann sorgen auch lilafarbene Mehlprimel und rotviolett blühende Frühlings-Platterbsen für Farbe auf den Wiesen; außerdem gedeiht Bärlauch.

Nicht ganz unberührt

Schon 1909 wurde die Insel Ängsö dank ihrer üppig blühenden Blumenwiesen unter den höchsten Naturschutz gestellt. Damit zählt sie zu Schwedens und zu Europas Nationalparks der allerersten Stunde. Mit einer Fläche von 190 Hektar (davon aber nur etwa 40 Prozent über Wasser) ist er einer der kleinsten Nationalparks des Landes. Die Landfläche umfasst Wiesen und Laubhänge, Nadel- und Laubwald sowie Ackerflächen und Schilfgebiete am Wasser.

Die Erhebung zum Nationalpark bedeutete aber zunächst auch, dass die seit 1725 aktive Landwirtschaft aufhören sollte; die Bauern mussten um 1909 die Insel verlassen, um die Natur unberührt wachsen zu lassen. Nach drei Jahrzehnten sah man ein, dass die Insel ohne weidendes Vieh und ohne Mähen überwucherte – mittlerweile ist die Natur doch nicht mehr ganz sich selbst überlassen, sondern die alten Wiesen sind wiederhergestellt und zwei Naturschützer arbeiten für die Erhaltung der Agrarlandschaft und der Artenvielfalt. Wenn man also vom Fähranleger an der Südspitze über die Insel spaziert, kommt man durch einen breiten Streifen Weideland und begegnet immer wieder Kühen. Umso größer ist der Kontrast zu den naturbelassenen Wäldern, die trotz allem den Großteil der Insel bedecken.

Ängsö ist flach und auf präparierten Wegen leicht zu begehen. Wo der Untergrund nass ist, geht man trockenen Fußes über Holzbohlen. An den Buchten Svartviken und Norrviken stehen Toiletten und Picknickplätze bereit. Die abwechslungsreiche Natur mit Laubhainen, Nadelwäldern und Buchten bietet vielen Vögeln einen Lebensraum. Zahlreiche Bäume haben kleine Höhlen im Stamm und werden bevorzugt von schwarz-weißen Trauerschnäppern, Kleibern mit ockerfarbener Unterseite und diversen Spechten bezogen. Hin und wieder erspäht man auch Schellenten oder einen Waldkauz. Der östliche Küstenstreifen ist von Februar bis Mitte August Vogelschutzgebiet.

INFO

FÜHRUNGEN
Bei der Überfahrt kann man sich an Bord der Fähre für eine geführte Wanderung mit einem der Naturschützer anmelden. Denn obwohl die Rundgänge grundsätzlich auf Schwedisch abgehalten werden, gibt es wohl keine bessere Möglichkeit, in das kleine Inselparadies einzutauchen.
www.nationalparksofsweden.se | Choose park | Ängsö | Experiences and activities

ANREISE
Nach Ängsö gelangt man mit der Fähre ab Stockholm (Strömkajen) mit der Reederei Waxholmsbolaget. Die Fahrt in eine Richtung dauert etwa zwei Stunden. Achtung: Bei der Suche nach den Abfahrtszeiten »Nationalpark Ängsö« als Ziel angeben. Es gibt nämlich noch eine zweite Insel namens Ängsö, die aber südlich bei Tyresö liegt. www.waxholmsbolaget.se

← Wer den Nationalpark Ängsö im Frühling bzw. Frühsommer besucht, kann blühende Orchideen in Hülle und Fülle bewundern.
↑ Tafeln informieren über Flora und Fauna eines der ältesten Nationalparks Europas.

23

GANZ WEIT DRAUSSEN

SANDHAMN – DIE INSEL DER LOTSEN

Die Insel Sandhamn zählt zu den beliebtesten Urlaubs- und Ausflugszielen im Stockholmer Schärengarten. Manche genießen hier wochenlang die Sommerfrische, während andere an einem Tag den Wald, die Strände und die Siedlung erkunden. Beides hat seinen Reiz – und verspricht Erholung auf schwedische Art.

Noch keiner hat es geschafft, die Inseln und Felsen zu zählen, die vor Stockholm in die Ostsee gestreut sind. Schätzungsweise, je nachdem, wie man »Insel« definiert, sind es zwischen 24.000 und 30.000 – ein gewaltiger Archipel. Nur ein Bruchteil davon ist bewohnt und durch regelmäßigen Fährenverkehr mit dem Festland verbunden. Wer möglichst viele Facetten des Lebens in den Schären kennenlernen möchte, ist auf der Insel Sandhamn richtig. Bei der Ankunft mit der Fähre wird man vom Dorf begrüßt, das im Sommer etwa 3000 Einwohner zählt, den Rest des Jahres aber nur um die hundert. In den Gaststätten und Geschäften kann man sich stärken bzw. mit Proviant ausstatten, bevor man den naturbelassenen Rest der Insel erkundet. Ein gerader, leicht zu gehender Weg durchschneidet den Kiefernwald und führt an die südliche Küste der Insel, zum Sandstrand mit dem klingenden Namen Trouville. Im Norden befindet sich der kleinere, von Klippen geschützte Sandstrand Fläskberget.

Vom abgelegenen Fleck zum Sommerparadies

Sandhamn liegt ganz draußen in der Ostsee – entsprechend lang ist die Bootsfahrt, sodass man unterwegs einiges von der Inselwelt mitbekommt. Die isolierte Lage macht heute für viele Besucher den Reiz der Insel aus: Man kommt – auch als Stockholmer – buchstäblich weg vom Alltag. Aufgrund der exponierten Lage diente das Eiland lange als Lotsenstandort. Bereits in der Mitte des 17. Jahrhunderts waren dort erfahrene Nautiker stationiert, die ankommenden Schiffen beim Navigieren durch den Schärengarten halfen. Der Archipel ist aufgrund vieler Untiefen und Felsen unter Wasser schwierig zu befahren.

Im Sommer 1865 wurde die erste Fährverbindung zwischen Stockholm und Sandhamn eingerichtet, um Sommergäste der Erholung zuliebe auf die Insel zu bringen. Damit zählt sie zu den am längsten erschlossenen Urlaubszielen in den Stockholmer Schären. Die ersten Urlauber waren wohlhabende Bürger und Industrielle; einige stattliche Villen aus dieser Zeit sind in der Nähe des Trouvillestrands erhalten. Doch mit der Zeit kamen auch Künstler auf den Geschmack. Sowohl der schwedische Nationaldichter August Strindberg (1849–1912) als auch der Maler Anders Zorn (1860–1920) ließen sich von Sandhamn inspirieren. In der jüngeren Vergangenheit hat die Krimiautorin Viveca Sten (geb. 1959) ihre weltweit erfolgreichen Romane auf der Insel spielen lassen. Darüber hinaus ist Sandhamn mit seinem enormen Hafen für Freizeitboote ein echtes Segelmekka.

← Im Sommer blüht Sandhamn so richtig auf: Dann verbringen Einheimische ihren Urlaub dort, und Touristen unternehmen Tagesausflüge.
↓ Wo die Ortschaft endet, schließt eine wanderfreundliche Schärenlandschaft an.

INFO

ANKOMMEN & RUMKOMMEN

Die Reederei Strömma fährt mit ihrem »Cinderella-Boot« von Mai bis Anfang November direkt vom Strandvägen nach Sandhamn (Fahrzeit: 2 Std.).
www.stromma.com
Zwischen Mittsommer (Ende Juni) und Mitte August betreibt das Unternehmen Sandhamnsguiderna eine Touristeninfo mit Kajak- und Fahrradverleih.
www.sandhamn.se

ÜBERNACHTEN

Sandhamn eignet sich als Ziel für einen Tagesausflug, doch auch eine Übernachtung hat ihren Reiz. Wenn die letzte Fähre abgelegt hat, liegt eine besondere Stimmung über der Siedlung – dann sind nur noch Locals und eingefleischte Schärenfreunde da. Und die lassen es sich bei einem Muscheldinner am Hafen gutgehen oder nutzen die langen Sommertage für einen späten Hüpfer ins Meer. Die erste Adresse ist das Seglerhotel direkt am Hafen, Alternativen dazu sind das Missionshuset und Sands Hotell & Bistro. Vor der Hauptsaison rechtzeitig buchen!

24

MARITIMER URLAUB

DIE INSEL UTÖ

Die »Insel weit draußen« lockt mit ihrem breiten Angebot an Unterkünften, Gastronomie und Erlebnissen. Die Nord-Süd-Ausdehnung von zehn Kilometern bietet viel Platz für Radtouren und Wanderungen, und im Schutz der umliegenden Schären lässt es sich entspannt paddeln.

Mit einer Fläche von 30 Quadratkilometern zählt Utö zu den größten Inseln im Stockholmer Schärengarten. Und vom Angebot her ist es auch eine der »komplettesten«: Dort kann man wandern, Radfahren, sehr gut essen, am Sandstrand baden und kulturhistorische Spuren entdecken, die an eine lange Siedlungsgeschichte erinnern. Man geht davon aus, dass Utö seit der Wikingerzeit bewohnt ist – also seit über tausend Jahren. Schon damals wurde Eisenvorkommen entdeckt und bis 1879 abgebaut. Vieles erinnert noch an den Bergbau: der Name der Hauptsiedlung Gruvbyn (»Grubendorf«) und der dazugehörige Hafen mit dem Anleger Gruvbryggan, ein Museum und nicht zuletzt die Löcher im Boden, die sich mittlerweile mit Wasser gefüllt haben. Die bunten Holzhäuser in der Lurgatan stammen aus der Zeit um 1800 und dienten den Bergleuten als Wohnhäuser. Heute sind sie private Ferienhäuser.

Rund um das Gruvbyn erstreckt sich ein Naturschutzgebiet. Zwei präparierte Wege – der Naturpfad und der Bergbaupfad (Gruvstigen) – eignen sich für eine Halbtageswanderung. Für längere Aufenthalte bietet sich an, nach der Fährüberfahrt ein Fahrrad zu mieten und den südlichen Teil der Insel zu erkunden. Proviant gibt es im kleinen Supermarkt. In einer halben Stunde erreicht man den herrlichen Strand Stora Sand; und nach einer Stunde ist man auf der südlichen Nachbarinsel Ålö, die mit Utö fast zusammengewachsen ist. Am Wegesrand wechseln sich Wälder, Wiesen und Küstenabschnitte mit einsamen Bootsstegen ab.

Nachtleben im Naturparadies

Jahr für Jahr reizt der Kontrast zwischen der urtümlichen Umgebung und dem geselligen Miteinander im Gruvbyn. Tagsüber wird gewandert, geradelt und gebadet, abends kommen Jachtbesitzer und Naturburschen in den Lokalen zusammen. Es gibt sogar einen Nachtclub! Kein Wunder, dass Utö nach Sandhamn die bestbesuchte Schäreninsel ist. Aufgrund der längeren Anreise kommen jedoch kaum Touristen, sondern überwiegend Einheimische.

Wie alle anderen Inseln ohne Landverbindung ist auch Utö von Schwedens starker Saisonalität geprägt. Von Mittsommer bis in den August hinein ist die Insel voller Leben und die Fähren legen regelmäßig ab. Den Rest des Jahres ist es hingegen ruhig – aber die meisten Gaststätten haben geöffnet. Immerhin wohnen 250 Menschen dauerhaft auf Utö, und im Gegensatz zu den meisten anderen Inseln im Stockholmer Schärengarten fahren auch Autos.

INFO

ANREISE

Utö hat ganze vier Anlegestellen für öffentliche Fähren, wovon zwei für Besucher relevant sind: Gruvbryggan im Norden und Ålö ganz im Süden. Die traditionelle, ganzjährige Route führt von Stockholm mit der S-Bahn (Pendeltåg) nach Västerhaninge, von dort mit dem Bus bis Årsta brygga, wo wiederum die Fähre ablegt. Die Abfahrtszeiten bei den beiden Umstiegen sind abgestimmt, sodass man nicht lange warten muss und in zwei Stunden ankommt. Im Sommer fahren außerdem Boote vom Strömkajen in Stockholm ab; die Überfahrt dauert jedoch 3,5 Stunden.
www.waxholmsbolaget.se, www.uto.se
Wer nicht wieder zum Ausgangspunkt zurück muss, kann von Ålö nach Nynäshamn übersetzen. Dort hat man wieder Anschluss an die S-Bahn nach Stockholm.

ERLEBNISSE

Fahrräder gibt es bei der Touristeninformation sowie bei der Hafenrezeption (Hamnkontoret) im Gruvbyn. Praktisch: Man kann die Räder auch im Restaurant Båtshaket auf Ålö zurückgeben. Und auch Cykelboden vermietet Fahrräder.
Weitere Highlights sind Robben- und Adlersafaris mit Utö Skärgårdsguide und Paddeltouren (bei der Touristeninformation erkundigen).
www.skargardsguiderna.se

← Ganz ungestört: Die »Insel weit draußen« macht ihrem Namen alle Ehre, denn dort findet jeder ein ruhiges Plätzchen.
↑ Am Hafen für Fähren und Freizeitboote herrscht im Juli reges Treiben.

25

SCHÄREN-FEELING OHNE FÄHRE

GÅLÖ & DALARÖ

Südlich von Stockholm liegt die Halbinsel Gålö mit dem gleichnamigen Naturschutzgebiet und einer 50 Kilometer langen Küstenlinie. Dementsprechend gibt es viele Wandermöglichkeiten am Wasser. Eine großzügige Campinganlage mit Stellplätzen und Hütten lädt ganzjährig zum Übernachten ein.

Die Halbinsel Gålö zählt zu den beliebtesten Ausflugszielen vor den Toren der schwedischen Hauptstadt, und das nicht nur während der Sommermonate. Viele Städter besuchen Gålö das ganze Jahr hindurch, um in der natürlichen Umgebung mit Sandstränden, Klippen und urigen Wäldern zu entspannen. Schließlich dauert es gerade mal 40 Autominuten, bis man auf die Halbinsel gelangt und ihre Ruhe und urige Idylle genießen kann.

Die Anlage Gålö Havsbad im Osten ist der natürliche erste Anlaufpunkt für Besucher. Dort gibt es ein Restaurant, einen großen Parkplatz, eine Bushaltestelle, Toiletten, Übernachtungsmöglichkeiten und den längsten Sandstrand im ganzen Stockholmer Schärengarten. Gålö Havsbad verzeichnet jährlich 30.000 Übernachtungen und eine Million Tagesgäste. Es ist die Mischung aus Nähe zur Hauptstadt, gut erschlossener Natur und nützlicher Infrastruktur vor Ort, die das Naturschutzgebiet so attraktiv macht. Es ist kein touristisches Wunderland, sondern ein Ort, an dem an alles gedacht ist, was Wanderer brauchen. Für Besucher, die länger bleiben und mehr erleben möchten, werden an der Rezeption Kajaks, Tretboote, SUPs und Mountainbikes vermietet.

Wanderwege und Bauernhöfe

Durch die Landschaft des Naturschutzgebiets schlängeln sich insgesamt sieben ausgeschilderte Wanderwege. Bei Gålö Havsbad können Wanderer den etwa acht Kilometer langen Weg rund um die Landzunge Havtornsudd und bis Morarna beginnen. Die meiste Zeit geht es am Wasser entlang, aber es ist kein simpler Strandspaziergang. Vielmehr bewegt man sich auf einem schmalen Waldpfad über Stock und Stein. Stellenweise geht es über Steinstrände, und wie aus dem Nichts tauchen Holztreppen und hohe Felsen auf. Doch immer wieder wird man mit einer fantastischen Aussicht belohnt – mal auf einsame Segelboote, mal auf die Nachbarinsel Långgarn.

Gålö ist aber noch mehr als eine Schärenidylle zum Relaxen. Seit dem Mittelalter wird dort Landwirtschaft betrieben – die Geschichte des Bauernhofs Stegsholms Gård geht bis in die Zeit um 1250 zurück. Zwei Jahrhunderte lang gehörte das Gebiet dem römisch-katholischen Deutschritterorden. Heute können Besucher im Hofcafé einkehren und sich mit Häppchen aus lokalen Zutaten stärken. Und die Molkerei Gålö Gårdsmejeri verkauft ihren Ziegenkäse im Sommer im kleinen Hofladen.

← Abwechslungsreicher Strandspaziergang: Wer Gålö umwandert, passiert Steinstrände, Waldpfade und Treppen auf höher gelegene Stellen.
↓ Bei der Campinganlage Gålö Havsbad eröffnet sich ein Sandstrand mit Steg ins Wasser.

INFO

ANFAHRT

Mit dem Auto: Von Stockholm etwa 40 Kilometer über die Landstraßen 73 und 227. Eine Viertelstunde vor Gålö Havsbad passiert man den Bauernhof Sanda Hönseri, wo es Eier und Käse gibt. Der Parkplatz bei Gålö Havsbad ist kostenpflichtig.
Mit öffentlichen Verkehrsmitteln: Von Stockholm Centralstation mit der S-Bahn (Pendeltåg 43) bis Västerhaninge, dann mit dem Bus 845 Richtung Skälåker (Fahrzeit ca. 1,5 Std. pro Richtung). Auf Gålö gibt es mehrere Haltestellen, sodass man nicht zum Ausgangspunkt zurückwandern muss (z. B. Morarna und Stegsholm); aktuelle Verbindungen: www.sl.se

ÜBERNACHTEN

Die Anlage Gålö Havsbad ist ganzjährig geöffnet. Sie verfügt über Glampingzelte für 2 bis 4 Personen, Hostel, Ferienhäuschen für 4 bis 6 Personen sowie einen Zelt- und Campingplatz. Sowohl Unterkünfte als auch Boote und Räder können online reserviert werden (Tel. 0046/8/50 03 38 80). www.galohavsbad.se

ABSTECHER NACH DALARÖ

Der Ausflug nach Gålö lässt sich wunderbar mit einem Abstecher auf die 16 Kilometer entfernte Insel Dalarö verbinden, die man ebenfalls mit Auto oder Bus erreicht. Dort findet man ein beschauliches Küstendorf mit Gaststätten, Bäckerei und einer Handvoll Geschäften vor. Im gutbürgerlichen Restaurant Tullhuset kann man den Tag gemütlich ausklingen lassen.

SPECIAL
NICHT STÖREN, NICHTS BESCHÄDIGEN!

DAS SCHWEDISCHE JEDERMANNSRECHT

Der freie Zugang zur Natur ist einer der Gründe für Schwedens internationale Beliebtheit als Reiseland. Wir haben es dem althergebrachten Jedermannsrecht (Allemansrätten) zu verdanken, dass wir durch die Landschaft stromern, Beeren pflücken und sogar wild zelten dürfen.

In aller Kürze besagt das Jedermannsrecht: Jeder darf sich an der Natur in Schweden erfreuen, solange er verantwortungsbewusst handelt. Dabei lautet die Faustregel: »Nicht stören und nichts beschädigen.« Viele Naturfreunde erfüllen sich in Schweden den Traum vom wilden Zelten. In »herkömmlicher« Umgebung kann man sein Lager tatsächlich in freier Wildbahn aufschlagen und bis zu zwei Nächte bleiben. Für Naturschutzgebiete und Nationalparks gelten jedoch Sonderregeln: Dort ist das Übernachten an ausgewiesenen Stellen möglich. Die Vorschriften entnimmt man der jeweiligen Infotafel oder den offiziellen Übersichtskarten.

Beim Jedermannsrecht geht es jedoch nicht nur um Naturschutz, sondern auch um Respekt vor den Bewohnern und der Wahrung ihrer Privatsphäre. Selbst wenn ein Hausgrundstück nicht eingezäunt ist, dürfen Fremde es nicht be-

← Wenn nichts anderes vorgeschrieben ist, darf man bis zu zwei Nächte an derselben Stelle zelten.
↙ Angeln ist auch möglich, allerdings muss man vorher einen Angelschein lösen.
↓ An Beeren, Pilzen und Kräutern darf sich buchstäblich jedermann bedienen.

treten. Dasselbe gilt für Gärten und bewirtschaftete Felder. Viele Wanderpfade führen durch Weideland, und das hat seine Richtigkeit: Durch Tore und über Holztreppchen kann man die Zäune überwinden. Die weidenden Tiere dürfen aber natürlich nicht gestört werden.

Grundsätzlich sollten Besucher außer Fußabdrücken nichts in der Natur zurücklassen: Abfälle werden eingepackt, und mit einer Schaufel ist schnell eine provisorische Toilette »gebaut«. Was das Pflücken und Sammeln von Blumen, Beeren und Pilzen angeht, kann man sich an allen Arten bedienen, die nicht geschützt sind. Was könnte rustikaler sein, als sich aus den Schätzen von Mutter Natur das Abendessen über dem Campingkocher zuzubereiten? Das Jedermannsrecht umfasst zwar nicht die Jagd, aber das Angeln ist (mit Angelschein, *fiskekort*) erlaubt.

Auch Lagerfeuer sind gestattet, vielerorts sind sogar Feuerstellen angelegt. Als Brennstoff dienen abgefallene Tannenzapfen und totes Holz – alles, was am Boden liegt. Zweige von lebenden oder umgestürzten Bäumen abzureißen, ist tabu. Außerdem darf man kein Feuer auf Felsen anzünden, da diese bersten können. Bei Waldbrandgefahr verhängt die zuständige Gemeinde *(kommun)* ein Feuerverbot *(eldförbud)*. Darüber muss man sich im Voraus informieren, zum Beispiel bei der nächsten Touristeninformation.

Geländefahrten verboten

Das Recht, sich frei durch Wälder und Wiesen zu bewegen, ist Wanderern, Radfahrern, Reitern und Langläufern vorbehalten. Autos, Wohnmobile, Motorräder und auch E-Bikes haben hingegen abseits der Straßen und Parkplätze nichts verloren. Geländefahrten mit motorisierten Fahrzeugen sind nämlich im ganzen Land und ausnahmslos verboten.

Nützliche Links

www.naturvardsverket.se/allemansratten
www.sverigesnationalparker.se

Die westschwedische Küste hat eine Schärenlandschaft mit felsigen Inseln und pittoresken Ortschaften – wie hier auf Tjörn.

AN DER WESTKÜSTE

Maritime Erlebnisse am Wasser und Ausflüge ins sehenswerte Hinterland

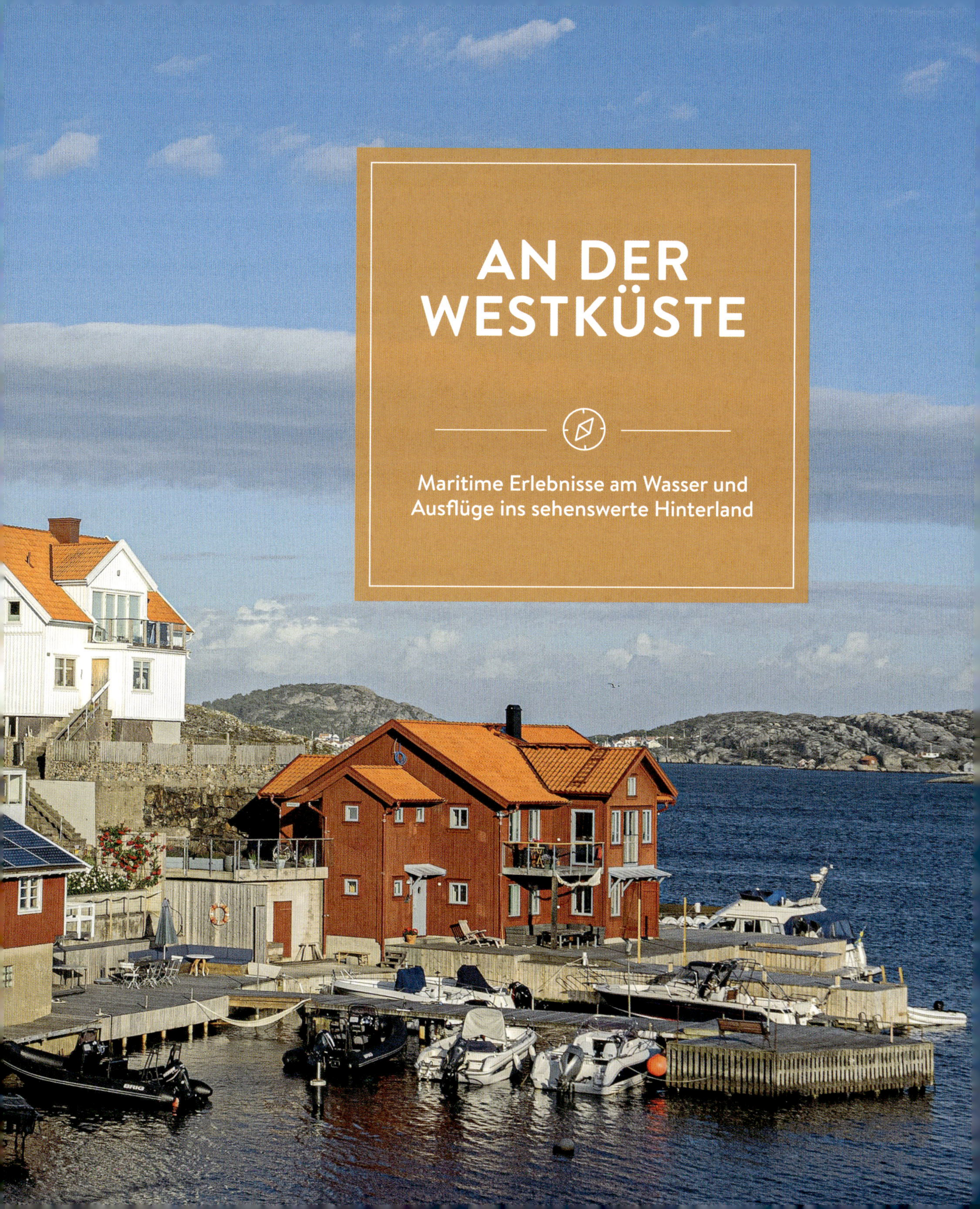

26

SCHWEDENS BADEKÜSTE

DIE STRÄNDE VON HALLAND

An der Westküste zwischen Skåne und Göteborg liegt die »schwedische Riviera«: die Provinz Halland mit kilometerlangen Sandstränden, kultigen Badehäusern und besten Bedingungen zum Baden und Surfen, aber auch zum Wandern und Radfahren.

An der Küste Hallands reihen sich mehrere kilometerlange Strandabschnitte aneinander. Der viele feine Sand stammt von Felsen in Norwegen und Schweden, die das Inlandeis klein gemahlen hat. Die vier längsten Strände heißen Apelviken, Mellbystran, Skrea und Tylösand. Letzterer ist mit zehn Kilometern, Dünen im Hintergrund, flachem Wasser und angesagten Hotels und Lokalen eine Sommerdestination erster Güte.

Baden kann man aber auch im Kaltbadehaus von Varberg, das auf Stelzen im Meer steht. Dieser Wellnesstempel mit Sauna und Stiegen ins tiefe Wasser ist schon wegen seiner Architektur Kult: Im maurischen Stil erbaut, wirkt es – besonders bei Sonnenuntergang – wie eine Vision aus »1001 Nacht«. Es ist ganzjährig offen; man kann also auch im Winter das belebende Wechselbad mitmachen, mit dem sich die Schweden jung halten.

Über dem Hafen thront die Festung Varberg, deren älteste Teile aus dem 13. Jahrhundert stammen. In den historischen Gemäuern ist heute ein kulturhistorisches Museum untergebracht, das die Entwicklung der Region von der Steinzeit bis in die Gegenwart skizziert. Das bekannteste Exponat ist der »Bockstenmann«: eine Moorleiche aus dem Mittelalter. Er wurde 1936 in einem Hochmoor in der Nähe von Varberg entdeckt. Seine sterblichen Überreste samt Kleidung und Wanderstock aus Eichenholz sind gut erhalten.

Wanderwege mit Meerblick

In der Provinzhauptstadt Halmstad beginnt der leicht zu gehende Wanderweg »Prinz Bertils Pfad«, benannt nach dem schwedischen Prinzen Bertil (1912–1997). Er war Herzog von Halland und hatte sein Sommerhaus in Tylösand, das an der Strecke liegt. Nach 18 Kilometern endet der Weg im lauschigen Naturreservat Möllegård, wo man sich im beliebten Café mit einem Eisbecher belohnen kann. An mehreren Stellen hat man Anschluss an öffentliche Verkehrsmittel, um zum Ausgangspunkt zurückzukommen.

In der Harplingebucht etwas weiter nördlich liegt das Naturschutzgebiet Haverdal, das von Dünen in verschiedenen Größen und Formen geprägt ist. Der Sandhügel Lynga sanddyn (auch Stora Sandkullen genannt) gehört mit 36 Metern zu den höchsten in Skandinavien. Über eine schmale, steile Treppe erklimmt man ihn und hat von oben einen großartigen Ausblick über den Strandwald und das Meer. Durch das Gebiet ziehen sich vier präparierte Rundwege.

INFO

NATURUM GETTERÖN
Im Norden von Halland lockt das Naturschutzgebiet Getterön vor allem Vogelbeobachter an. Mit über 300 Arten zählt es zu Nordeuropas Vogelwarten mit der größten Vielfalt. Im Besucherzentrum Naturum Getterön stehen gratis nutzbare Fernrohre zur Verfügung, und an Aussichtspunkten kommt man nah ans Geschehen. Regelmäßig stehen kostenlose Führungen auf dem Programm. Außerdem finden ein gutes Dutzend Wohnmobile dort einen ruhigen Stellplatz. www.naturumgetteron.se

DANSKA FALL
Im Hinterland von Halmstad liegt das Naturschutzgebiet Danska Fall mit einem friedlichen Buchenwald und einem beeindruckenden Wasserfall, der über mehrere Stufen ins Tal rauscht. Man kann parken und erreicht die Stelle nach einem Kilometer Fußweg. Wer mehr vom Gebiet sehen möchte, folgt dem 2,3 Kilometer langen Rundweg. www.visithalland.com

← Wellnesstempel für Mutige: Im Kaltbadehaus von Varberg erfährt man das belebende Wechselbad aus Saunagängen und Schwimmen im Meer.
↑ Der Strand Apelviken misst einen Kilometer und ist bei Badegästen, Familien und Surfern beliebt.

27

ENTSPANNTES INSELHÜPFEN

DIE SCHÄREN VON GÖTEBORG

Der südliche Schärengarten gehört zu den beliebtesten Ausflugszielen von Göteborg, wobei die ruhigen, autofreien Inseln einen unglaublichen Kontrast zur quirligen Hafenstadt bilden. Dort ticken die Uhren langsamer, und man kann man richtig entspannen.

Die Stadt Göteborg macht es ihren Bewohnern und Besuchern wirklich leicht, in den Genuss der Inselwelt zu kommen: Vom Zentrum fährt die Straßenbahn direkt zum Fähranleger, die Boote legen zu jeder Jahreszeit nahezu stündlich ab, und es gelten die günstigen Tarife der öffentlichen Verkehrsmittel. Es gibt insgesamt vier verschiedene Routen. Besonders einfach reist man übrigens mit der Fährlinie 281, die die Inseln Styrsö, Donsö und Vrångö verbindet.

Styrsö – die komplette Insel

Mit 1400 Einwohnern und öffentlichen Einrichtungen wie Schule und Altenheim ist Styrsö eine Art Hauptstadt des südlichen Schärengartens von Göteborg. Dort treffen die Kultur der leicht erreichbaren Metropole und des isolierten Insellebens aufeinander. Es gibt drei Anlegestellen (Styrsö Bratten in der Mitte und Styrsö Skäret im Süden liegen an der Linie 281; Styrsö Tången im Norden an der Fährlinie 282). Von der Haltestelle Styrsö Bratten aus kann man die Insel leicht zu Fuß erkunden: Über ruhige Wege geht es zur Kirche, in den niedlichen Supermarkt und zum gemütlichen Café Öbergska. Vom 57 Meter hohen Hügel Stora Rös, dem höchsten natürlichen Punkt im Göteborger Schärengarten, hat man einen guten Blick über die Inselwelt. Am östlichen Ufer befindet sich außerdem das romantische Hotel Styrsö Skäret mit nautisch dekorierten Gästezimmern und Suiten. Wer bloß Appetit verspürt, kann im dazugehörigen Restaurant mit Meerblick oder auf der großen Holzterrasse einkehren.

← Die Insel Styrsö im Göteborger Schärengarten hat auch viele einsame Ecken.

Donsö – die genussvolle Insel

Von Styrsö kommt man mit dem Boot oder über die Brücke Styrsöbron auf die Nachbarinsel Donsö, die ebenfalls 1500 Einwohner verzeichnet. Doch dort spielen Fischerei und Schifffahrt die größte wirtschaftliche Rolle. Die Insel ist Schwedens drittgrößter Reederstützpunkt nach Göteborg und Stockholm. Kein Wunder, dass das Herz der Insel am Hafen schlägt. Drumherum stehen noch einige Fischereigebäude aus dem 20. Jahrhundert.

Der beliebteste Treffpunkt auf Donsö ist – natürlich am Hafen – das Restaurant und Hotel Isbolaget. In einer ehemaligen Lagerhalle, wo Eis zur Kühlung für die Fischkutter hergestellt wurde, herrscht heute eine warme Atmosphäre, die Einheimische und Urlauber anzieht. Der Mittagstisch mit Meerblick ist Kult, aber auch abends kann man dort gut sitzen. Gleich daneben ist der Kajak-Vermieter »Donsö Havskajak« angesiedelt.

Auch Donsö lässt sich über leicht begehbare Naturpfade erkunden. Die Fähre legt im Fischereihafen an, und von dort aus kann man über ruhige, kurvenreiche Straßen durch die Siedlung aus Holzhäusern spazieren. Naturbelassen ist Donsö vor allem im nördlichen Teil, wo man den 49 Meter hohen Stora Onseberget besteigen kann. Vom Radarberget hat man eine gute Aussicht. Außerdem gibt es viele Badestellen, darunter Lökholmen und Korsholme udde.

Vrångö – die Insel der Lotsen

Der südlichste Fleck im Göteborger Archipel ist die längliche Insel Vrångö. Sie ist vor allem für ihre spazierfreundliche Landschaft mit seltenen Pflanzen, vielen Vögeln und feinen Sandstränden bekannt. Viele Göteborger halten Vrångö für die beste Insel zum Baden im Schärengarten. Mit der Fähre kommt man in der südlichen Hälfte am Ostufer an. Dort zieht sich die Siedlung mit knapp 400 Bewohnern wie ein Gürtel quer über die Insel. Die restlichen Gebiete nördlich und südlich stehen unter Naturschutz. Ein einsames rotes Häuschen auf einem Felsen (»Lotsutkiken«) erinnert an die Zeit, als Vrångö eine Gemeinschaft von Fischern und Seeleuten war: Dort oben saßen Lotsen und hielten Ausschau nach Schiffen, die Hilfe beim Navigieren nach Göteborg brauchten.

Noch heute ist die Fischerei ein wichtiger Wirtschaftszweig auf Vrångö. Fangfrische Schalentiere und andere maritime Delikatessen bietet das Bistro Fiskeboa, das einen Kilometer vom Fähranleger auf der Westseite liegt. Die Einheimischen holen sich dort gerne eine Tüte gekochte Kaisergranate auf die Hand, suchen sich einen sonnenbeschienenen Fleck am Wasser und picknicken mit Meerblick. In das süße Schärenleben verliebt man sich im Handumdrehen. Zum Glück hat auch Vrångö eine Herberge: Bei »Kajkanten« wohnt man in modernen Gästewohnungen direkt am Wasser. Dort werden auch Kajaks vermietet.

Brännö – die gesellige Insel

Mit der Fährlinie 283 kommt man von Saltholmens Brygga auf die Doppelinsel Asperö und weiter nach Brännö – drei Inseln, die Göteborg am nächsten liegen. Letztere ist ein lebendiger Fleck im südlichen Teil des Göteborger Schärengartens mit Geschäften, Gastronomie und etwa 900 Ein-

↖ Auf Vrångö kann man nicht nur gut übernachten, sondern auch im Whirlpool entspannen.
← Das Café Öbergska auf Styrsö serviert typisch schwedische Stärkungen im Garten.
↗ Die Fähren vom Festland auf die Inseln vor Göteborg gehören zum öffentlichen Verkehrsnetz.

wohnern. Viele davon pendeln zur Arbeit in die Stadt. Im Gegensatz zu den Nachbarinseln wird Brännö außerdem schon lange landwirtschaftlich genutzt. Die Insulaner hier wissen aber auch, wie man feiert: Im Sommer kommen Besucher vom Festland und den anderen Inseln zum Tanz bei Brännö Brygga. Über die schmale Brücke Türks Bro gelangt man von Brännö auf die unbewohnte Nachbarinsel Galterö. Der Ausflug lohnt sich aufgrund der vielen Vögel und der unberührten, kargen Natur.

Brännö hat zwei Anlegestellen: Brännö Rödsten im Norden (Linie 283) und Brännö Husvik im Süden (Linie 282). Von Letztgenannter ist die Weiterfahrt nach Styrsö und Inselhüpfen über die südlicheren Inseln Donsö und Vrångö möglich.

INFO

FAHRPLAN & TICKETS

Die Fähren im südlichen Göteborger Schärengarten gehören der Reederei Styrsöbolaget, sind aber Teil des öffentlichen Verkehrsnetzes Västtrafik. Das bedeutet, dass man die Fahrkarten über die App »Västtrafik To Go« lösen kann. Man fährt mit der Straßenbahn bis Saltholmens Brygga, und dort legen vier Linien ab. Übersichtskarte: https://styrsobolaget.se/sodra-skargarden; Fahrplanauskunft: https://www.vasttrafik.se/reseplanering/reseplaneraren/

LINKS ZU GENANNTEN ADRESSEN

www.styrsoskaret.com, www.isbolaget.com, www.donsohavskajak.se, www.fiskeboa-vrango.se, www.kajkantenvrango.se

Die Inseln Styrsö (rechts) und Donsö (hinten links) liegen an einer Fährlinie und sind über eine Brücke verbunden.

SPECIAL
VON GÖTEBORG INS HINTERLAND

DER WANDERWEG GOTALEDEN

Einfach mal raus ins Grüne, aber ohne viel Vorbereitung und schweres Gepäck? Der 77 Kilometer lange Gotaleden ist ein herrlicher Wanderweg fürs Wochenende mit einer angenehmen Mischung aus Natur und Zivilisation. Und: Jede Etappe lässt sich mit Bus und Bahn abkürzen.

Der 2019 eingeweihte Gotaleden verläuft von Göteborg nach Alingsås in neun Etappen, die zwischen fünf und elf Kilometer lang sind und im Schnitt zweieinhalb Stunden dauern. Jeder Abschnitt startet bzw. endet an einem Bahnhof oder einer Bushaltestelle. Außerdem finden sich an der Strecke um die 20 Cafés, Restaurants und Übernachtungsmöglichkeiten.

Jede Teilstrecke zeigt andere Facetten von Westschweden, auch wenn die Abstände nicht weltbewegend sind. Der

← Zum Restaurant Garveriet in Floda gehört auch ein Delikatessenladen.
↙ Auf dem Gotaleden kommt man an mehreren Industriedenkmälern vorbei.

Übergang vom Stadtleben ins Grüne wird ganz am Anfang besonders deutlich: Der Gotaleden beginnt am zentralen Kungsportsplatsen und geleitet die Wanderer über schattige Alleen an den Stadtrand. Es dauert keine Stunde, schon weicht die urbane Bebauung dem ersten Naturschutzgebiet: Delsjöns Naturreservat ist Göteborgs größtes Naherholungsgebiet mit alten Eichen, flachen Badestellen und Spazierwegen durch den Wald.

Von Segeltüchern und Staubsaugern

Die dritte Etappe führt nach Jonsered, einem ehemaligen Textilstandort mit charakteristischen Industriebauten aus Backstein. Ein Schotte namens William Gibson verdiente sich dort mit der Herstellung von Segeltüchern eine goldene Nase. Er bewohnte das elegante Anwesen Jonsereds Herrgård, das heute vor allem für seine liebevoll gepflegte öffentliche Gartenanlage (Jonsereds Trädgårdar) und das dazugehörige Café geschätzt wird.

Auf der fünften Etappe – zwischen Lerum und Floda – folgt man dem Säveån flussaufwärts, der durch ein bewaldetes Tal in Richtung Göteborg fließt. Man passiert das Naturschutzgebiet, das nach dem Fluss benannt ist. Im Frühling erblühen zwischen den Bäumen unzählige Buschwindröschen, und durch die friedliche Stille schneidet immer wieder ein Waldlaubsänger oder anderes Gezwitscher aus dem vielstimmigen Vogelchor. Am Ende der Etappe, die man nach knapp zehn Kilometern durchaus hungrig erreicht, wartet die Ortschaft Floda mit mehreren Gaststätten auf. Besonders beliebt sind die nachhaltig produzierten Speisen der »Garveriet«, untergebracht in einer ehemaligen Gerberei direkt am Fluss.

Genusswanderern wird nicht entgehen, dass am Ende der letzten Etappe die »Kaffeestadt« Alingsås liegt, die ihren Spitznamen der hohen Dichte an Cafés und Konditoreien verdankt. Im Verhältnis zur Einwohnerzahl (ca. 27.500) verfügt sie über mehr Zimtschnecken, Prinzesstorten und »Staubsauger« aus grünem Marzipan als jede andere schwedische Ortschaft. Alles nur ein Zahlenspiel? Vielleicht … aber ein unwiderstehliches.

INFO

SEHENSWERT
Zwischen Floda und Tollered (Etappe 6) liegt das Schloss Nääs auf einer Halbinsel im See Sävelången. Im späten 19. Jahrhundert übernahm es der jüdischstämmige Kaufmann August Abrahamson (1817–1898) und richtete darin eine Handwerksschule für die Ausbildung von Werklehrern ein. Seine neue Pädagogik wurde international bekannt. Heute kann man eine Führung mitmachen und faszinierend eingerichtete Räume bewundern, die wunderbar die »Arts & Crafts«-Bewegung verkörpern. www.naas.se

WANDERINSPIRATION
Auf der Website »West Sweden Trails« stellt die Region neben dem Gotaleden noch weitere wanderbare Wege vor, darunter die Fernwege Bohusleden und Kuststigen. Und es gibt Tipps für Unternehmungen und Führungen, die man im Vorfeld buchen kann. www.westswedentrails.com, www.gotaleden.se

Blick auf den Ort Skärhamn auf der Insel Tjörn, mit der gut besuchten Marina und dem roten, länglichen Aquarellmuseum (in der Mitte).

28

INSPIRATION IN VIELEN FORMEN

DIE INSEL TJÖRN

Mit ihrer unwiderstehlichen Mischung aus schroffer Schärennatur, einem geheimnisvollen Gräberfeld und kulturellen Sehenswürdigkeiten gehört Tjörn zu den lohnendsten Urlaubs- und Ausflugszielen an der schwedischen Westküste. Und wer hier ist, muss mindestens einmal Hering essen.

Tjörn ist Schwedens sechstgrößte natürlich entstandene Insel und liegt zwischen Marstrand und Orust. Sie verzeichnet 15.000 Einwohner, wobei sich die Zahl im Juli verdoppeln oder gar verdreifachen kann. Wer die Landschaft und die hübschen Ortschaften lieber (fast) für sich alleine haben möchte, kommt besser zu einer anderen Zeit. Schon die Anfahrt ist ein Erlebnis: Tjörn ist über drei Brücken und zwei kleinere Inseln mit dem Festland verbunden, und jeder Meter verspricht ein neues Panorama.

Die größte Ortschaft auf Tjörn ist das 3700 Einwohner starke Hafenstädtchen Skärhamn. Dort sollten sich Besucher das inspirierende, im Jahr 2000 eröffnete »Nordische Aquarellmuseum« ansehen. Wechselnde Themenausstellungen beleuchten die sanfte Maltechnik aus verschiedenen Perspektiven. Hinterher will man sich am liebsten selbst ans Wasser setzen und die maritime Landschaft zu Papier bringen.

Eine dritte Dimension bekommt Tjörns Kulturangebot auf dem hoch gelegenen Gräberfeld von Pilane, das auf die ersten sechs Jahrhunderte n. Chr. datiert wurde. Jeden Sommer gibt es vor dieser aufregenden Kulisse eine Skulpturenausstellung mit dem Titel »Skulptur i Pilane«. Ganzjährig ist nur ein Werk zu sehen: der Frauenkopf »Anna« von Jaume Plensa.

Fischiges Vergnügen

Die Fischerdörfer Rönnäng, Kyrkesund und Klädesholmen haben eine bewegte Geschichte hinter sich. In der Provinz Bohuslän kam – und ging – der Wohlstand früher nämlich mit den Heringschwärmen. Bis um 1900 hatten die Menschen noch nicht die passenden Methoden, um Hering fernab der Küste zu fangen. Doch es gab Zeiten – sogenannte »Sillperioden«, die mehrere Jahrzehnte anhielten –, da schwammen die Fische nah ans Ufer heran und brachten den Küstensiedlungen wirtschaftlichen Aufschwung. Aus der »großen Heringperiode« 1747 bis 1809 stammt beispielsweise die Kirche in Rönnäng.

In Klädesholmen, einmalig gelegenen auf einer vorgelagerten Miniinsel, dreht sich noch heute alles um den Hering: Das nach dem Ort benannte Unternehmen legt Filets ein und beliefert Supermärkte in ganz Schweden. Jede zweite Matjes-Konserve kommt beispielsweise aus dieser Fabrik. Eine andere, ehemalige Konservenfabrik beherbergt mittlerweile das Museum »Sillebua«. Und das Hotel und Restaurant »Salt & Sill« hat Hering in zahlreichen Geschmacksrichtungen auf der Speisekarte.

← Der Frauenkopf »Anna« gehört zum Skulpturenpark Pilane und ist ganzjährig zu sehen, im Gegensatz zu den saisonalen Werken.
↓ Fischgerichte sind sozusagen das täglich' Brot der Menschen an der schwedischen Westküste.

INFO

RADFAHREN AUF TJÖRN

Mit ihren vielen autofreien Radwegen eignet sich die Insel hervorragend für Radtouren mit der ganzen Familie. Fahrräder mieten kann man in der Touristeninformation in Stenungsund (noch auf dem Festland) sowie jener in Skärhamn (Kroksdalsvägen 1). Auch einige Hotels und Campingplätze bieten diesen Service an, darunter Salt & Sill, Hav & Logi und Lekanders Bär & Boende. Außerdem kann man eine Karte mit den Radwegen *(cykelkarta)* kaufen.
www.vastsverige.com/en/sodra-bohuslan

INSELHÜPFEN

Von Rönnäng geht die Fähre 361 (ganzjährig!) auf die Inseln Dyrön und Åstol. Eine Fahrt dauert 15 bis 20 Minuten. Man kann auch Fahrräder mitnehmen, was sich wirklich lohnt. Die Fahrkarten löst man am einfachsten über die App »Västtrafik To Go«.
www.vasttrafik.se

29

IM REICH DER KLIPPEN

RAMSVIKSLANDET

Im Naturschutzgebiet Ramsvikslandet zeigt sich die Küstenregion Bohuslän von ihrer besonders kargen Seite: Auf der Meerseite wandert man durch eine felsige Landschaft. Im uralten Gestein hat die Eiszeit viele verschiedene Spuren hinterlassen – ein Highlight nicht nur für Hobbygeologen.

Das Naturschutzgebiet Ramsvikslandet trägt den Spitznamen »Reich der Klippen«, denn an vielen Stellen – vor allem zur Meerseite hin – geht man über nacktes Gestein. Es überwiegt der rötliche Bohus-Granit, an dem sich das Schild der letzten Eiszeit ganz schön zu schaffen gemacht hat: Neben den allgegenwärtigen Rundhöckern findet man Gletschertöpfe, tiefe Rillen und längliche Versenkungen. Am deutlichsten sind die Spuren am Ufer südlich von Fykan und auf der Insel Tryggö im Süden des Ramsvikslandet. Letztere hat keine feste Verbindung, aber bei Ebbe kann man die Schuhe ausziehen und durch das flache Wasser hinübergehen. Die karge Schönheit des Ramsvikslandet zeugt aber auch von einer Landschaft, die von Wind, Meer und intensiver Landnutzung geprägt ist. Ausgedehnte Felsflächen sind mit Heidekraut, Wiesen und Laubgehölzen durchsetzt. Typisch für die Küste von Bohuslän ist immer noch eine kleinteilige Agrarlandschaft mit einem zusammenhängenden System aus Äckern, Wiesen und Weiden.

Ramsvikslandet gehört zur Halbinsel Sotenäset, doch mit der Fertigstellung des Sotekanals im Jahr 1935 ist die abgetrennte Insel Söö entstanden. Seitdem ist das Naturgebiet nur noch über eine Drehbrücke mit dem Festland verbunden. Durch den Kanal können Schiffe die Zielhäfen Smögen, Kungshamn und Hunnebostrand ansteuern, ohne sich den gefährlichen Strömungs- und Windverhältnissen in der Meerenge Skagerrak auszusetzen. Die meisten, die diese sichere Passage nutzen, sind Freizeitsegler: Pro Jahr werden bis zu 60.000 Boote gezählt.

Das Naturschutzgebiet gehört zu den größten und meistbesuchten der Provinz. Es ist trotz der schroffen Landschaft leicht zugänglich, und man kommt mit öffentlichen Verkehrsmitteln hin. Gleich beim Sotekanal beginnt ein 15 Kilometer langer Rundweg namens »Ramsvikslandet runt«.

Das Flair von Smögen

Keine zehn Kilometer weiter südlich liegt der charmante Küstenort Smögen, wo man den Tag auf der belebten Uferpromenade ausklingen lassen kann. Das Gewimmel aus bunten Bootsschuppen, Segelbooten und Urlaubern in Ringelshirts gibt eine Menge Fotomotive her. Außerdem kredenzen zahlreiche Fischrestaurants den Fang des Tages. An der Westküste ist das von der Nordsee gespeiste Wasser frisch und sauber. Dort gedeihen allerlei Delikatessen (am besten jedoch in den Monaten mit einem »r« im Namen – also nicht im Hochsommer).

INFO

ÜBERNACHTEN

Wer das Naturschutzgebiet Ramsvikslandet über Nacht auskosten möchte, kann beispielsweise bei Ramsvik Stugby & Camping oder bei Ramsviks Övergård absteigen.
www.ramsvik.nu, www.ramsviksovergard.se
In Smögen heißt die erste Adresse zwar Smögens Hafvsbad, aber auch die Pension Bryggan ist keineswegs zu verachten.
www.smogenshafvsbad.se, www.pensionatbryggan.se

ANGELAUSFLÜGE IN SMÖGEN

Der Berufsfischer Tommy und sein Sohn Martin nehmen gelegentlich auch Urlauber mit. Wer keine Angst vor Blut und zuckenden Fischen hat, kann in drei Stunden einen Eimer Makrelen fangen. Auch Kaisergranat- und Hummersafaris werden angeboten. Das Boot fasst nur zwölf Gäste, weswegen eine möglichst frühe Reservierung empfohlen wird (Tel. 0046/70/324 51 43). www.fisketur.se

ALLGEMEIN

www.vastsverige.com/en/sotenas,
www.ramsvikslandet.se

← Rund gewaschene Klippen aus rosafarben angehauchtem Granit prägen die Landschaft im Naturschutzgebiet Ramsvikslandet.
↑ Kaisergranate zählen zu den regionalen Delikatessen. Sie werden schon auf dem Boot gekocht.

30

GRÜSSE AUS DER BRONZEZEIT

DIE FELSRITZUNGEN VON TANUM

Personen, Tiere, Schiffe: In der westschwedischen Gemeinde Tanum haben Menschen der Bronzezeit Bilder in die glatten Felsen gemeißelt und sich damit für immer verewigt. Bisher wurden um die 10.000 Gravuren an über 600 Stellen gefunden. Sechs dieser Stätten gehören seit 1994 zum UNESCO-Weltkulturerbe.

Die etwa 3000 Jahre alten Petroglyphen geben dank ihrer enormen Anzahl und des Reichtums an Motiven lebendige Einblicke in das religiöse und soziale Leben der Bronzezeitmenschen. Zusammen bilden sie das größte Felsritzungsareal in ganz Europa. Von den Hunderten Fundstellen hat die UNESCO sechs Stätten auf die Weltkulturerbeliste aufgenommen: Vitlycke, Aspeberget/Tegneby, Fossum, Litsleby, Gerum und Kalleby. An diesen Orten findet man jeweils eine große Felsplatte mit hervorstechenden Motiven und einer einzigartigen Gestaltung. Damit die Figuren besser zur Geltung kommen, wurden sie in der jüngeren Vergangenheit mit roter Farbe ausgemalt.

Felsplatten statt Leinwände

Am besten beginnt man die Erkundungstour durch die prähistorische Bildergalerie in Vitlycke, wo ein Museum die historischen Zusammenhänge skizziert. Außerdem befindet sich auf der gegenüberliegenden Straßenseite die 22 Meter lange »Vitlyckehällen«: die größte Felsplatte mit fast 300 Figuren und weiteren 170 runden Vertiefungen, sogenannten Schälchen. Das berühmteste der Motive ist das sich küssende »Brautpaar« am oberen Rand. Nach einem 700 Meter langen Spaziergang erreicht man den Fundort Aspeberget mit Abbildungen von Stieren, Kriegern und Booten. Und weiter südlich verbindet ein sechs Kilometer langer Rundwanderweg drei weitere Stellen mit Felsritzungen: Gerum, Lövåsen und Sotetorp.

Abstecher an die Küste

Der nächste Ort ist Grebbestad, der idyllisch an einer schmalen Bucht liegt. Dort kann man sich im Nautopp Kajakcenter ein Paddelboot ausleihen und die felsigen Inseln umrunden. Der Ort ist auch für seine erstklassigen Meeresfrüchte bekannt. Die Pension Everts Sjöbod bietet unvergessliche Austern-, Hummer- und Krabbensafaris an.

Und 15 Kilometer weiter südlich liegt das ebenso beschauliche Fjällbacka. Wer sich die Fischsuppe im Hafenbistro »Bryggan« besonders gut schmecken lassen möchte, sollte vorher unbedingt den 74 Meter hohen Hausberg Vetteberget erklimmen, von dem man mit einer herrlichen Aussicht auf Fjällbacka und die schroffe Schärenlandschaft belohnt wird. Auch die Felsspalte Kungsklyftan sollte man sich nicht entgehen lassen. Sie diente als Drehort für »Ronja Räubertochter«.

← Die Felsspalte Kungsklyftan ist eine besonders sehenswerte Ecke am Vetteberget, dem Hausberg des Küstenstädtchens Fjällbacka.
↓ Die Felsplatten mit Motiven aus der Bronzezeit gehören zum UNESCO-Weltkulturerbe.

INFO

VITLYCKE-MUSEUM
Das Vitlycke-Museum versteht sich als Zentrum für Wissensvermittlung und Erlebnisse rund um das UNESCO-Welterbe der Felsritzungen von Tanum. Die Ausstellung »Bilder, Bronze und Erzählungen« widmet sich ihrer Entstehungsgeschichte. Außerdem ist im Freien ein Gehöft wie vor 3000 Jahren nachgebaut, das den Alltag der Bronzezeitmenschen illustriert. Besucher können sich Führungen anschließen oder die 600 Fundstellen auf eigene Faust erkunden. Der Eintritt ist frei. Das Museum hat zwischen Mitte April und Anfang November geöffnet, im Sommer gibt es außerdem ein Café.
www.vitlyckemuseum.se

WANDERUNG DURCH DAS WELTERBE
Um den Parkplatz am Rundweg »Vandring i Världsarv« zu erreichen, fährt man von der Autobahn E6 an der Ausfahrt 105 ab und folgt der Beschilderung zum Vitlycke-Museum. Von dort geht es weitere drei Kilometer südlich, bis ein Linkspfeil »Vandring i Världsarv« anzeigt. Nach 1200 Metern ist der Parkplatz erreicht (GPS-Koordinaten: N 58.680524, E 11.358565).
www.vandringivarldsarv-tanum.se

31

SCHWEDENS ERSTER MEERESNATIONALPARK

NATIONALPARK KOSTERHAVET

Der einzige Nationalpark an der schwedischen Westküste zeichnet sich durch eine besondere Flora und Fauna aus: Mehr als 97 Prozent des geschützten Gebiets liegen unter Wasser. Bei einer Bootsfahrt, beim Rundgang auf einer der 300 Inseln und beim Schnorcheln eröffnet sich die einmalige Schärenlandschaft.

Schwedens westlichster Schärengarten besteht sowohl aus bewohnten Inseln mit Fähranleger, kleinem Supermarkt, Unterkünften und Gaststätten als auch aus Schwedens erstem Meeresnationalpark: dem Nationalpark Kosterhavet (»Kostermeer«). Besucher setzen üblicherweise mit der Fähre vom (ebenfalls sehenswerten!) Küstenstädtchen Strömstad nach Ekenäs über. Diese Siedlung liegt auf der Insel Südkoster, der größten in diesem Archipel. Eine schmale Meerenge, die man per Boot oder Seilfähre überwindet, trennt sie von ihrem nördlichen Gegenstück Nordkoster; zusammen ergeben sie die Kosterinseln (Kosteröarna). Deren rund 300 Einwohner bilden sozusagen eine menschliche Enklave mitten im Nationalpark; nur ein paar Strandpartien stehen unter Naturschutz.

Idyllisches Inselleben

Nordkoster erkundet man am besten zu Fuß; der Rundgang um die Insel ist etwa vier Kilometer lang. Auf einem 59 Meter hohen Hügel mit atemberaubender Aussicht stehen zwei ehemalige Leuchttürme. Während die nördliche Insel mit Kieselfeldern und Rundhöckern einen kargen Anblick bietet, zeigt sich Südkoster als üppiges Eiland mit Laubwäldern und sogar landwirtschaftlich genutzten Gebieten. Der Nutzgarten Kosters Trädgårdar mit Verkauf, Bäckerei und Gastronomie, aber auch Kunstausstellungen und naturnahen Übernachtungsmöglichkeiten ist das beste Beispiel dafür, wie schwedische Insulaner als geschäftstüchtige Tausendsassas aktiv werden.

Und es ist wirklich keine schlechte Idee, sich die Zeit für eine Übernachtung auf den Kosterinseln zu nehmen. Sie lassen sich dank der kurzen Abstände zwischen Aussichtspunkten, Badestellen, Künstlerateliers und Gaststätten herrlich erwandern oder mit dem Fahrrad erkunden. Aber auch eine Paddeltour sollte eingeplant werden, wobei man die Landschaft aus einer anderen Perspektive erlebt – und schließlich ist es ja die maritime Welt, die im Nationalpark Kosterhavet im Mittelpunkt steht. Auf flachen Felsen im Meer zwischen Sydkoster und der Inselgruppe Ursholmarna sonnen sich Seehunde. Dort gibt es mehr Robben als in anderen Kolonien vor der schwedischen Westküste.

Faszinierende Artenvielfalt

Das ganze Gebiet beherbergt etwa 12.000 verschiedene Arten – die Hälfte davon unter Wasser. Dazu gehören muschelartige Armfüßer, der Gemeine Sonnenstern und die Korallenart Schlanke Seefeder *(Virgularia mirabilis).*

→ Der Großteil des Nationalparks Kosterhavet liegt unter Wasser. Wer kommt mit schnorcheln?

INFO

ANREISE

Die Fährlinie zwischen Strömstad und den Kosterinseln (Kosterbåtarna) ist Teil der öffentlichen Verkehrsmittel und verkehrt ganzjährig. Auch Fahrräder können mitgenommen werden. Innerhalb des Archipels werden fünf Haltestellen angelaufen. Man kann also beispielsweise vom Festland nach Ekenäs übersetzen und nach der Erkundungstour von Nordkoster wieder zurückfahren.
Fahrplan und Informationen:
www.vasttrafik.se

PADDELN, RADELN & MEHR

Das Familienunternehmen Koster Adventures vermietet Kajaks und SUP-Boards und veranstaltet auch geführte Paddeltouren. Es ist auf Südkoster angesiedelt und von Mai bis September geöffnet. Eine Alternative ist Skärdgårdsidyllen Kayak & Outdoor in Ekenäs.
www.kosteradventures.se,
www.skargardsidyllen.se
Auch Kosters Trädgårdar liegt auf der Südinsel. Neben Gastronomie und Gemüse aus dem Hofladen werden allerlei Touren angeboten: geführte Paddelausflüge, Radtouren und Wanderungen.
www.kosterstradgardar.se
Auf Ekenäs gibt es auch die Fahrradvermietung Kostercykeln mit zwei Stationen: Man kann das Rad beim Fähranleger in Ekenäs ausleihen und bei Långagärde wieder abgeben (oder umgekehrt).
www.kostercykeln.com

Die Fähre vom Ort Strömstad auf die zwei Kosterinseln verkehrt das ganze Jahr über, denn etwa 320 Menschen haben dort ihren festen Wohnsitz.

Rund 200 dieser Wassertiere und -pflanzen kommen schwedenweit nur dort vor, und viele stehen auf der Roten Liste gefährdeter Arten. Den Grund für diese Artenvielfalt, die im Rest von Nordeuropa ihresgleichen sucht, sehen Meeresbiologen in der Verbindung mit dem Atlantik. Nirgendwo sonst in den schwedischen Hoheitsgewässern ist das Wasser so salzig und von so vielen verschiedenen Arten bewohnt. In der bis zu 250 Meter tiefen Rinne des Kosterfjords (Kosterrännan), die das Festland vom Archipel trennt, hat man besonders viele solcher seltenen oder sogar einmalig vorkommenden Tiere und Pflanzen entdeckt.

So liegt im Kostermeer – in einer Tiefe von 85 Metern – Schwedens einziges Korallenriff, bestehend aus langsam wachsenden Lophelia-Steinkorallen. Diverse Algen- und Tangarten bilden quasi den Regenwald des Meeres und ermöglichen wiederum anderen Tieren das Überleben. Für Hobbytaucher gibt es also viel zu entdecken. Wo das Wasser flach ist, kann man einem Schnorchelpfad folgen: An einem blauen Seil geht es unter Wasser von Station zu Station, wo Quallen, Muscheln, Seesterne und andere Meeresbewohner in Text, Bild und echten Exemplaren vorgestellt werden. Das Konzept ist so beliebt, dass inzwischen bereits zwei Schnorchelpfade mit je etwa zehn Stationen und ein paar Hundert Meter Länge eingerichtet wurden: einer in der Bucht Rörvik von Südkoster und einer in der Hasselbukten von Saltö.

Wer sich nicht nass machen möchte, kommt im Naturschutzzentrum Naturum Kosterhavet – dem Tor zum Nationalpark – in Kontakt mit zahlreichen Meeresbewohnern. Im offenen »Streichelaquarium« tummeln sich Anemonen, Muscheln, Seesterne, Fische und Krebse und können sogar angefasst werden. Drumherum berichtet eine interaktive Ausstellung (mit Audioguide auf Deutsch) über das Leben über und unter Wasser. Unter einem Mikroskop kann man die eigenen Strandfunde untersuchen, und im Sommer werden darüber hinaus geführte Inselrundgänge und Strandexkursionen angeboten.

Maritimes Doppelpack

Der Nationalpark hat rund 20 Kilometer weiter nördlich ein direktes Gegenstück in Norwegen: den Nationalpark Ytre Hvaler. Bei klarer Sicht kann man dessen Erhebung am Horizont ausmachen. Beide Schutzgebiete wurden nicht nur parallel geplant, sondern im Jahr 2009 auch gleichzeitig eingeweiht – ein gutes Beispiel für eine grenzüberschreitende Zusammenarbeit aus Liebe zur Natur.

Dennoch ist ein Meeresnationalpark auch ein außergewöhnliches und kompliziertes Konzept. Dass hier Wassermassen aus verschiedenen Gebieten zusammenströmen und bestimmt auch Ausstöße und neue Arten einströmen, kann niemand verhindern. Außerdem umspült das Kostermeer eine Gegend, in der die Menschen seit jeher vom Jagen und Fischen gelebt haben. Obwohl die Erhebung zum Nationalpark neue Vorschriften mit sich gebracht hat, ist beides weiterhin erlaubt.

↖ Beim entspannten Paddeln kommt man der friedlichen Wasserlandschaft besonders nahe und erlebt die Klippen aus einer neuen Perspektive.
↗ Im Naturum Kosterhavet lernt man die vielen Pflanzen- und Tierarten im Nationalpark kennen.
→ Die Kosterinseln lassen sich auch bei einer Wanderung erkunden.

Ein Gefühl von Freiheit: An der schwedischen Westküste gibt es viele ruhige Plätze zum Wandern, Zelten und Entspannen in der Natur.

32

KRANICHTANZ UND MEHR

DER SEE HORNBORGASJÖN

Schwedens größtes Tanzfestival findet jeden Frühling am Hornborgasee statt: Dann landen Zehntausende Kraniche und begrüßen die warme Jahreszeit – und potenzielle Partner –, indem sie flatternd umherspringen und kräftig trompeten. Auch den Rest des Jahres kommen Hobbyornithologen hier auf ihre Kosten.

Die langbeinigen Wasservögel machen auf ihrer Rückreise von Deutschland in Richtung Norden Rast am See, und zwar in wenigen Wochen Ende März und Anfang April. Und das schon seit Tausenden Jahren. Der See ist nämlich von einem Hochplateau umgeben, wodurch ein thermischer Aufwind entsteht, der das Abheben für den Weiterflug erleichtert. Außerdem finden die Vögel reichlich Nahrung. Das Schauspiel ist weit über die Landesgrenzen hinaus bekannt; jährlich kommen etwa 150.000 Naturfreunde, um dem berühmten Kranichtanz am Hornborgasee beizuwohnen. Dafür gibt es im südlichen Bereich des Sees mehrere Aussichtspunkte und sogar ein separates Informationszentrum, das nur zur Kranichzeit geöffnet hat.

Den Rest der Saison (März bis Oktober) informiert das Besucherzentrum Naturum über den See und seine vielen Bewohner. Auch jenseits der Kranichzeit ist der Vogelsee voller Leben. Am meisten Gewusel herrscht Anfang Mai. Dann lassen sich mit etwas Glück Vertreter aller in Schweden heimischen Lappentaucherarten beobachten, unter anderem der seltene Schwarzhalstaucher. Das Café im Besucherzentrum trägt den schwedischen Namen der Vogelart: Doppingen.

Gestörte Idylle

Der Hornborgasjön gehört für Ornithologen zu Nordeuropas besten Vogelschutzgebieten. Schon im 18. Jahrhundert schätzten Forscher seinen Artenreichtum. Doch zwischen dieser Zeit und dem Schauspiel, das man heute erleben kann, liegen fast zwei Jahrhunderte der Dürre. In der Hoffnung, Ackerland für die hungernde Bevölkerung zu gewinnen, wurde der Wasserpegel ab 1802 in mehreren Etappen so drastisch gesenkt, dass sich die Fläche von 28 auf weniger als vier Quadratkilometer verringerte. Angebaut werden konnte trotzdem nichts; statt Feldern hatte man einen trostlosen, von Schilf bewachsenen Sumpf geschaffen.

Glücklicherweise kam in den 1990er-Jahren auch für den Hornborgasjön die Wende: Schon in der ersten Phase der Restaurierung konnte der Wasserspiegel um fast einen Meter angehoben werden. Entwässerungskanäle wurden geschlossen, Schilf und Bäume gerodet und am Ufer Weideland wiederhergestellt. Dieses Naturschutzprojekt zählt zu den ehrgeizigsten und erfolgreichsten, die Schweden je gesehen hat. Viele Vogelarten sind zurückgekehrt, darunter Rohrdommel, Wasserralle und Schwarzhalstaucher. Und auch Biber, Nerze und Marder finden dort einen Lebensraum.

INFO

ABSTECHER NACH SKARA
Der nächste größere Ort zählt zu Schwedens ältesten Städten: Als im 12. Jahrhundert von der Hauptstadt Stockholm noch nichts zu sehen war, glänzte Skara (neben Sigtuna und Lödöse) schon als geistliches Zentrum. Daran erinnert der stattliche Dom, von wo die Gassen – noch immer dem mittelalterlichen Plan folgend – in alle Himmelsrichtungen ausstrahlen. Heute hat Skara knapp 12.000 Einwohner. Das Västergötland-Museum informiert über die ganze Region. www.vastsverige.com/en/skara, www.vastergotlandsmuseum.se

ALLES KÄSE
Falköping südlich vom Hornborgasjön ist unter Feinschmeckern als Käseparadies bekannt. Mehrere Molkereien stellen Delikatessen und weit verbreitete Sorten her. Einen Querschnitt bietet das Geschäft »Falbygdens Osteria« mit satten 150 Sorten verschiedener Produzenten. Dazu gehört auch ein Restaurant, das täglich ein Käse- und Delikatessenbüfett auftischt. www.falbygdensosteria.se

ALLGEMEIN
www.hornborga.com

← Kurz nach Frühlingsanfang machen jedes Jahr Zehntausende Kraniche auf ihrer Reise gen Norden eine Zwischenlandung am Hornborgasee.
↑ Der heute eher unscheinbare Ort Skara hat eine der ältesten Domkirchen Schwedens.

33

DER BLÜHENDE BERG AM SEE

KINNEKULLE

Am südöstlichen Ufer des Vänersees, zwischen Lidköping und Mariestad, erhebt sich der 306 Meter hohe Tafelberg Kinnekulle. Dorthin zieht es Wanderer vor allem im Frühling und Sommer, wenn sich die ganze pflanzliche Artenvielfalt offenbart, die auf dem kalkhaltigen Untergrund gedeiht.

Auf dem höchsten Punkt namens Högkullen kann man einen 19 Meter hohen, im typischen Schwedenrot gestrichenen Aussichtsturm aus dem Jahr 1892 besteigen. Bei klarer Sicht überblickt man von dort oben einen Radius von 50 Kilometern. Dem kalkreichen Untergrund des Kinnekulle haben wir seine artenreiche Vegetation zu verdanken, unter anderem verschiedene Orchideen. Im Mai und Juni wächst außerdem viel Bärlauch, was dem Berg einen unverwechselbaren Geruch gibt.

Wanderwochenende

Der 45 Kilometer lange Rundweg Kinnekulleleden durchzieht alle sehenswerten Stellen auf und um den Berg. Er passiert neben dem höchsten Punkt auch »Lasses Höhle«, wo Lars Petter Eriksson (1828–1910) und seine Frau Inga unter ärmlichsten Umständen fast 30 Jahre lang gelebt haben. Um die ganze Strecke zu gehen, sollte man mindestens zwei Tage einplanen – zum Glück stehen am Weg mehrere Schutzhütten. Außerdem kommt man an oder in der Nähe von fünf Zugbahnhöfen vorbei, was das Abkürzen und Weiterreisen erleichtert.

Der Kinnekulle ist ein Kulturgebiet mit einer über tausendjährigen Siedlungsgeschichte. Aus dem Mittelalter hat man einige Spuren gefunden, und in den umliegenden Dörfern erinnern alte Kirchen, Ruinen, Felsritzungen und historische Herrenhäuser an frühe Bewohner aus unterschiedlichen Epochen. Die Kirche von Husaby ist dafür bekannt, dass sich dort im Jahr 1008 Olof Skötkonung als erster schwedischer König taufen ließ – ein Meilenstein in der Geschichte der Christianisierung des Landes.

Abstecher zum Schloss Läckö und Naturum

Etwa 60 Kilometer weiter westlich, auf der Insel Kållandsö, liegt das Barockschloss Läckö, das ebenfalls einen Besuch lohnt, wenn man schon in der Nähe ist. Seine Geschichte reicht bis ins Mittelalter zurück, doch die weiße Fassade und die stilvollen Innenräume erhielt es im 17. Jahrhundert. Gartenfreunde finden Gefallen am Schlossgarten »Lilla Slottsträdgården«, der jedes Jahr nach einem bestimmten Thema neu angelegt wird und Zutaten ans benachbarte Restaurant Hvita Hjorten liefert. Das Lokal ist wiederum im Naturum Vänerskärgården – Victoriahuset untergebracht, einem interaktiven Besucherzentrum mit einer Ausstellung über die Inselwelt in Schwedens größtem See.

← Beim Steinbruch – dem »kleinen Grand Canyon von Westschweden« – überblickt man die Umgebung aus einer Höhe von 40 Metern.
↓ Am Vänersee-Ufer stehen Schloss Läckö und das Besucherzentrum Naturum nah beieinander.

INFO

NATURUM VÄNERSKÄRGÅRDEN – VICTORIAHUSET

Das Besucherzentrum kann noch mehr als informieren und sättigen: Es gibt Hotelzimmer und verschiedene Ausflüge. Um die Inselwelt aus nächster Nähe kennenzulernen, können Urlauber Bootstouren mitmachen. Im Angebot sind u. a. Tagestouren auf die Insel Djurö, die ein Nationalpark ist, aber nicht von regelmäßigen Fähren angelaufen wird. Wer stattdessen nach dem Schlossbesuch in See stechen möchte, kann sich am Nachmittag einer zweistündigen geführten Paddeltour anschließen. www.lackoslott.se/batturer, www.lackoslott.se/naturum, www.vastsverige.com/lackokinnekulle

ABSTECHER NACH LIDKÖPING

Zwischen Kinnekulle und Schloss Läckö liegt das beschauliche Städtchen Lidköping. Bis 2005 wurde dort Porzellan für die Marke Rörstrand hergestellt, und ein Museum zeigt die 300-jährige Geschichte der Manufaktur. Das Vänermuseum hingegen widmet sich dem größten See des Landes, und es gibt auch eine Kunsthalle.
www.rorstrand-museum.se, www.vanermuseet.se

34

IM »LAND DER TÄLER«

DALSLANDS WASSERWELT

Die westschwedische Teilregion Dalsland ist von so vielen Gewässern durchzogen, dass ein Ausflug zu Boot als die einzig richtige Unternehmung erscheint. Es besteht die Wahl zwischen Paddeltouren und Schifffahrten auf dem Dalsland-Kanal, wobei man durch die Luft gleitet.

Nicht umsonst hat die Region Dalsland den Spitznamen »Kanuland« (Kanotlandet): Sie wird von einem der schönsten Seensysteme Europas durchzogen, und über tausend Paddelboote sollen in der Region verfügbar sein. Die vielen länglich-schmalen Gewässer bilden natürliche Wasserwege mit idealen Bedingungen zum Paddeln. Auf über 250 Kilometern besteht eine riesige Auswahl an Kajak- und Kanustrecken. Die regionale Non-Profit-Organisation »DANO – Dalsland-Nordmarken« ist eine Zusammenarbeit der schwedischen Regionen Dalsland und Värmland sowie Nordmarka in Norwegen. Sie unterhält 100 Schutzhütten und Zeltplätze am Ufer der Seen und Kanäle, wo Paddler gegen eine kleine Gebühr übernachten können.

Wenn Schiffe schweben

Damit Schiffe vom Vänersee aus das Seensystem befahren konnten, wurde 1864 bis 1868 der Dalsland-Kanal angelegt. Damals war die Eisenbahn noch nicht gebaut, und man brauchte die Verbindung vor allem, um Eisenerz und Sägeholz zu befördern. Mit zwölf zusätzlich gegrabenen Kilometern an elf Stellen waren Wasserwege mit insgesamt 254 Kilometer Länge segelbar. Über 17 Schleusenstationen und 31 Schleusenkammern konnten Boote einen Höhenunterschied von insgesamt 66 Metern überwinden. Das heißt, Boote steigen über die Schleusen eine Art Treppe hinauf – ein faszinierender Anblick.

Die bekannteste Attraktion von Dalsland gehört ebenfalls zum Kanal: Der Aquädukt von Håverud ist eine markante Trogbrücke, die über einer Stromschnelle in der Luft hängt. Heute wird sie außerdem noch von einer Eisenbahn- und einer Straßenbrücke überspannt. Am eindrucksvollsten erlebt man diese Konstruktion, wenn man selbst in einem Boot sitzt. Von Mai bis September bieten drei Veranstalter Schifffahrten verschiedener Länge und Dauer an: *M/S Dalslandia, M/S Storholmen* sowie *M/S Nils Ericson af Håverud*.

Wanderung auf dem Pilgerweg

Durch Dalsland zieht sich wie ein gerader Strich von Süd nach Nord der Pilgerweg (Pilgrimsleden). Er gehört zu einem größeren Pilgerwegenetz mit einem gemeinsamen Ziel: dem Nidarosdom im norwegischen Trondheim. Empfehlenswert ist der 81 Kilometer lange Abschnitt von Mellerud über Edsleskog nach Åmål, der durchgehend ausgeschildert ist und über Wanderwege und Landstraßen führt. Mittelalterliche Gotteshäuser wie die Kirche Holm in Mellerud und die Kirche von Edsleskog, beide aktive Gemeinden seit dem 13. Jahrhundert, erinnern an die fromme Geschichte von Dalsland. Außerdem passiert man in Upperud den Dalsland-Kanal.

INFO

DALSLANDS AKTIVITETER
Ein Anbieter für zahlreiche Unternehmungen: Elchpark, Kajaks, SUPs, Bibersafaris, Angeln, Reitausflüge und Hochseilklettern. Außerdem kann man in einem Glashäuschen namens »72 Hour Cabin« mitten in der Natur übernachten. Die Basis des Unternehmens mit Rezeption, Restaurant und Café ist in Dals Långed. www.dalslandsaktiviteter.se

HILFREICHE APP
Die App »Dalslands Kanal« weist Besuchern den Weg durch die ganze Region Dalsland. Sie hält Informationen für Freizeitboote zum Kanal bereit, leistet aber auch Paddlern wertvolle Dienste. Sie kennt Unterkünfte, Gaststätten, Zeltplätze sowie Vermieter von Kajaks und Kanus. Die App ist gratis und auch auf Deutsch verfügbar.

← Der Aquädukt von Håverud verbindet zwei Seen in der wasserreichen Provinz Dalsland und kann auch von Paddelbooten befahren werden.
↑ Dalsland ist auch die Heimat der Glashäuschen, in denen man eins mit der Natur wird.

35

BERG- UND TALFAHRT

NATIONALPARK TRESTICKLAN

Mit einer Fläche von 30 Quadratkilometern bildet der Nationalpark Tresticklan das größte unbebaute und unbefahrbare Waldgebiet in Südschweden. Die unberührte Natur mit felsigen Höhen, Spaltentälern und Seen macht den Mangel an Artenvielfalt bei Tieren und Pflanzen wett.

Es ist nicht die Artenvielfalt, die Wanderer in den Nationalpark Tresticklan an der norwegischen Grenze lockt, sondern das intensive Gefühl von Einsamkeit und Wildnis. Aufgrund der Größe und Unberührtheit ist das Waldgebiet in Südschweden einmalig. Die Landschaft ist von Spaltentälern geprägt, die das Gebiet in regelmäßigen Abständen in nord-südlicher Ausrichtung durchziehen. Der Höhenunterschied zwischen den felsigen Höhen und den Senken kann bis zu 50 Meter betragen. Viele Täler sind mit Wasser gefüllt, vereinzelt sind aber auch Moore und lichte Birkenwäldchen eingestreut.

Das schwedische Wort Tresticklan bedeutet »Dreizack«, und wenn man den namensgebenden See Stora Tresticklan von oben sieht, leuchtet die Wahl ein: Er besteht aus drei fast parallel verlaufenden Kammern, die über schmale Wasserwege verbunden sind. Bei der Vegetation dominiert lichter Kiefernwald, der mit einer dünnen Erdschicht auf dem Grundgebirge auskommen muss. Weil die Bäume ähnlich groß und dick sind, könnte man meinen, der Wald wäre angelegt worden; die wilde Umgebung verrät jedoch anderes. Des Rätsels Lösung liegt in großen Waldbränden um die Mitte des 19. Jahrhunderts: Die meisten Bäume sind daraufhin gewachsen und deshalb also alle ähnlich alt.

Zwischen den Kiefern liegt ein Teppich aus Moosen und Flechten. Mit viel Glück kann man Auerhahn, Birkhuhn, Haselhuhn und Fischadler erspähen. Auch Haubenmeisen und Kreuzschnäbel sitzen in den Bäumen.

Wandermöglichkeiten

Aufgrund der besonderen Topografie durchwandert man den Nationalpark Tresticklan am besten in nord-südlicher Richtung. Vom Parkplatz Råbocken aus führt der rot markierte Weg Halleleden in den Nationalpark hinein und bis nach Norwegen. Nach der Brücke über den Tresticklasund zweigt der Rundweg Bråtaneslingan gen Süden ab und folgt eine ganze Weile dem Ufer des »großen Dreizacks«. Bei Bråtarne sollte man den Abstecher auf den höchsten Punkt Orshöjden mitnehmen: Die Aussicht vom 275 Meter hohen Bergkamm auf den See ist die beste, die man im Nationalpark Tresticklan haben kann. Es besteht auch die Möglichkeit, nach Orshöjden über den Rundweg wieder auf den Halleleden zu stoßen und den letzten Kilometer bis zur norwegischen Grenze zurückzulegen. Auf der anderen Seite gibt es nämlich eine Hütte zum Übernachten.

← Eine Besonderheit im Nationalpark Tresticklan sind die Spaltentäler, von denen sich im Laufe der Zeit einige mit Wasser gefüllt haben.
↓ Immer wieder muss das Wasser auf seinem Weg kleine (und größere) Gefälle überwinden.

INFO

ÜBERNACHTEN

Die Hütte Budalsvika auf der norwegischen Seite bietet 23 rustikale Übernachtungsmöglichkeiten in zwei Gebäuden. Es gibt auch eine Küche, die Wanderer tagsüber für einen Obolus nutzen können. Egal, ob man übernachten oder nur tagsüber einkehren will: Man muss sich den Schlüssel im Vorfeld besorgen, und zwar im Gemeindehaus von Dals-Ed (Dals-Eds kommunhus, Storgatan 27, 66830 Ed). Dort befindet sich außerdem das Hotel Dalsland (Strömstadsvägen 2). www.hotelldalsland.se

DALSLANDS MOOSE RANCH

Der Besuch des kleinen Elchparks lohnt sich insbesondere zu den Fütterungszeiten. Dann kommt man dem den Tieren ganz nahe und darf sie auch streicheln. Im Shop gibt es tierische Andenken, und im Café werden hausgemachte Kuchen und kleine Speisen serviert. www.dalslandsmooseranch.se

In der Mitte von Schweden beginnt langsam die legendäre Welt des Fjälls – wie hier im Ski- und Wandergebiet Åre.

MITTEL-SCHWEDEN

Sehnsuchtsorte für Schwedenkenner zwischen Värmland und der Hohen Küste

36

NATUR- UND KULTUROASE

RUND UM DEN SILJAN-SEE

Mitten in Dalarna umgeben die vier Gemeinden Leksand, Mora, Orsa und Rättvik den See Siljan und bilden ein Gebiet von kulturellem Interesse und landschaftlicher Schönheit. Dort findet man das ländliche Schweden mit all seinen Traditionen, roten Häusern, weitläufigen Wäldern und den berühmten Holzpferden.

Die mittelschwedische Region Dalarna hat Urlaubern vieles zu bieten, was gemeinhin als typisch schwedisch gilt. Zum einen sind das die roten Häuser, denn die Kupferpigmente, aus denen die Farbe hergestellt wird, stammen aus dem Bergwerk von Falun. Das ist mittlerweile stillgelegt, kann im Rahmen von Führungen jedoch unterirdisch besichtigt werden.

Mit 290 Quadratkilometern ist der Siljan Schwedens siebtgrößter See. Er ist vor 365 Millionen Jahren durch den Einschlag eines Meteoriten entstanden, der einen Durchmesser von 50 Kilometern gehabt haben muss. Besonders fotogen spaziert man auf dem 628 Meter langen Steg »Långbryggan« in Rättvik (ca. 5300 Einwohner). Dieser wurde 1895 als Landungsbrücke für Dampfschiffe errichtet und erfüllt seinen Zweck in gewisser Weise noch immer: Dort (und auch in Leksand und Mora) legt im Sommer die *M/S Gustaf Wasa* ab, die Genießer auf dreistündige Dinnercruises mitnimmt. Auch die vielen Kalkbrüche in der Umgebung gehen auf den Meteoriteneinschlag zurück. Im Fall von Dalhalla werden die felsigen Wände als Klangkulisse genutzt: Dort befindet sich eine bekannte Freilichtbühne.

← Der Steg Långbryggan führt über 600 Meter weit auf den Siljansee hinaus.

Das Naturschutzgebiet Siljansnäs

Bei Leksand, am Südufer des Sees, liegt das Naturschutzgebiet Siljansnäs. Es nimmt den 361 Meter hohen Björkberg ein und bietet fantastische Aussichten über die Wipfel der Kiefern und auf das blaue Gewässer. Beim Parkplatz am Südende beginnen Wanderwege durch das Naturschutzgebiet und darüber hinaus. Im Spätsommer kommt man jedoch nur langsam voran: Zu verführerisch sind die vielen Heidel- und Preiselbeeren am Boden. Und in den feuchten Senken wächst Sumpfporst. Wer die Blätter zwischen den Fingern reibt, vernimmt den harzigen Geruch der ätherischen Öle. Im Frühling kommt die Inspiration eher aus der Luft, wenn Gartenrotschwänze, Kleiber, Trauerschnäpper, diverse Spechte und viele andere Vögel auf sich aufmerksam machen.

Auf dem höchsten Punkt erwartet Besucher das Infozentrum Naturum Dalarna mit einer Ausstellung über den Wald, die Geologie, die Provinz Dalarna und die fünf Raubtiere, die dort leben: Wolf, Bär, Luchs, Vielfraß und Steinadler. Gleich daneben erhebt sich der 2021 eingeweihte Aussichtsturm: eine 32 Meter hohe Konstruktion aus Holz.

Stolz auf Traditionen

In Dalarna ballt sich das schwedische Brauchtum. Dort trägt man noch Tracht, und es ist der beste Ort, um einem authentischen Mittsommerfest beizuwohnen. Ende Juni können sich auch Urlauber in den idyllischen Orten Tällberg, Rättvik und Leksand unter die Leute mischen und mit den Einheimischen um den Maibaum tanzen. Der wichtigste Tag ist der »Mittsommerabend« (Midsommarafton): der Freitag zwischen dem 19. und 25. Juni. Damit sich die gute Stimmung ungefähr gleichmäßig auf die Orte verteilt, werden die Feierlichkeiten zu Ehren der längsten Tage schon eine Woche früher begonnen und bis in den Juli hinein fortgeführt.

Eine Besonderheit am Siljan ist der traditionelle Ruderwettbewerb mit Kirchbooten namens »Siljansrodden«: In zwei Wochen ab Mittsommer rudern Vereine von Siljansnäs in fünf Dörfer am Ufer. Die Tradition geht auf die Zeit vor 1809 zurück, als die Schweden gesetzlich zum Besuch des sonntäglichen Gottesdienstes verpflichtet waren. Statt langwierig zur nächsten Kirche zu wandern, setzten sich ganze Dörfer in Ruderboote. Und auf dem Heimweg wetteiferten sie, wer am schnellsten fahren konnte.

Natürlich sind auch Kunst und Handwerk Formen der Tradition. So findet man in Dalarna einige Paradebeispiele der schwedischen Bauernkunst: mit dem floralen »Kurbits«-Muster verzierte Schränke, Truhen, Textilien und vieles mehr. Auch das stilisierte Holzpferd namens »Dalahäst«, das es überall in Schweden als Souvenir gibt, kommt aus Dalarna. In Nusnäs bei Mora werden die dekorativen Figuren von Hand geschnitzt und bemalt. Wer möchte, kann in der Manufaktur selbst Hand anlegen.

In Mora lebte und arbeitete übrigens der berühmte schwedische Maler Anders Zorn (1860–1920). Das faszinierende Künstlerhaus Zorngården mit dem dazugehörigen Zornmuseum ist eine der Hauptattraktionen am Siljansee. In seinen Werken thematisierte er unter anderem das Landleben in seiner Heimat Dalarna.

Wild und bärig

Im Norden grenzt an den Siljan der ungleich kleinere See Orsasjön an. Beide Gewässer sind bei Mora über einen kurzen Kanal verbunden. Außerdem stößt dort der Fluss Österdalälven in den Siljan, was das Städtchen mit knapp 13.000 Einwohnern zu einem reizvollen »Dreiwassereck« macht.

Am Nordufer des Orsasees, 15 Kilometer von Mora entfernt, liegt der namensgebende 5800-Seelen-Ort Orsa. Er ist vor allem für seinen Raubtierpark bekannt: Im »Orsa Rovdjurspark« kann man Schwedens vier große Raub(säuge)tiere begutachten: Braunbär, Wolf, Luchs und Vielfraß. Daneben gibt es aber noch viele mächtige Exoten: Kodiakbären, Eisbären, Tiger, Anatolische Leoparden, Schneeleoparden sowie Uhus. In der Nähe liegt der Freizeitpark »Orsa Grönklitt«, der mit Campingplätzen, Ferienhäusern, Freizeitanlagen sowie Skiabfahrten und Langlaufloipen aufwartet. Im Winter kann man dort Aktivitäten mitmachen, die man sonst eher mit Lappland verbindet: Hundeschlittenfahrten, Schneemobilsafaris und romantische Ausflüge in der Pferdekutsche.

← In Nils Olssons Manufaktur in Nusnäs werden Dalapferde von Hand geschnitzt und bemalt.
↗ In Orsa befindet sich Nordeuropas größter Raubtierpark. Dort leben unter anderem Braunbären, Wölfe, Luchse und Vielfraße.

INFO

DER WASALAUF

Viele kennen es aus dem Fernsehen: das 90 Kilometer lange Skirennen »Vasaloppet«, das jedes Jahr in Dalarna ausgetragen wird. Start ist in Sälen, Ziel in Mora am Siljan. Seit der Premiere 1922 hat es sich zu einem regelrechten Volksfest entwickelt.

Neben dem Skirennen gibt es auf der Strecke außerdem Sportveranstaltungen für Radfahrer und Läufer: den »Cykelvasan« und den »Ultravasan« im August, beide wie das Original mittlerweile mit verschiedenen Distanzen zur Auswahl.
www.vasaloppet.se

OH, WIE KNUSPRIG!

Die weit verbreitete schwedische Knäckebrotmarke Leksand hat ihre Bäckerei im gleichnamigen Ort am Siljan. Wer mit dem Auto unterwegs ist, kann sich im Fabrikverkauf mit vergünstigtem (und bekanntlich haltbarem!) Proviant eindecken. Man ist erstaunt, wie viele Formen, Varianten und Geschmacksrichtungen es gibt. Wer hätte zum Beispiel gedacht, dass man Knäckebrot auch als Pizzaboden verwenden kann?
www.leksands.se/bageributik

ZUR REGION

www.visitdalarna.se

Knäckebrot von Leksands ist ein typisches essbares Mitbringsel aus Dalarna. In der Fabrik gibt es auch ungewöhnliche Varianten.

37

SEENREICHE WILDNIS

NATURSCHUTZGEBIET GLASKOGEN

Die Provinz Värmland mag zwar keinen Nationalpark haben, ist dafür jedoch mit über 200 Naturschutzgebieten gesegnet. Das größte ist das Naturreservat Glaskogen – ein echtes Idyll mit weitläufigen Nadelwäldern, die von Bächen, Seen und Sümpfen unterbrochen werden.

Mit 280 Quadratkilometern, 80 Seen und 300 Kilometer Wanderwegen ist das Naturschutzgebiet Glaskogen ein Outdoorparadies von Format. Kein Wunder, dass Kronprinzessin Victoria ausgerechnet dorthin kam, als sie vor einigen Jahren in den 25 historischen Provinzen ihres Landes je eine Wanderung unternahm. Die meisten Besucher – Royals wie Ottonormalverbraucher – starten ihre Ausflüge in den »Glawald« im Dorf Lenungshammar, wo Stromschnellen zwischen den beiden größten Seen Stora Gla und Övre Gla rauschen und man sich im Café stärken kann. Dort strahlen Wanderpfade in alle Richtungen aus. Besonders leicht begehbar ist der fünf Kilometer lange »Natur- und Kulturpfad«, gespickt mit Infotafeln zu geologischen und historischen Sehenswürdigkeiten.

Das Waldgebiet ist übrigens schon lange (wenn auch sehr dünn) besiedelt. Bereits Menschen aus der Steinzeit haben Spuren hinterlassen. Und im 17. Jahrhundert kamen im Auftrag des Königs finnische Einwanderer, um unbewohnte Ecken durch Brandrodung urbar zu machen. Deswegen heißt ein Teil des Naturschutzgebiets noch immer Finnskogen (»Finnenwald«). Auch einige Plätze und Gebäude in Värmland tragen finnische Namen.

Raritäten: Inseln und weiße Elche

Im Süden des Sees Stora Gla befindet sich ein kleiner, aber feiner Archipel aus lang gestreckten Inselchen. Dort lohnt sich eine Paddeltour ganz besonders: Man passiert schmale Passagen mit schroffen, bewaldeten Felsen zu beiden Seiten. Es bietet sich an, in einer Rasthütte zu übernachten oder auf einer hübschen Landzunge das Zelt aufzuschlagen, um den Ausflug auszudehnen.

Wer still übers Wasser gleitet, hat eine besondere Perspektive auf die Flora und Fauna. Einen Biberbau zu erspähen, ist im Glaskogen mittlerweile nichts Ungewöhnliches. Das war aber nicht immer so: Wegen seines begehrten Fells wurde das Tier lange intensiv bejagt und galt in Schweden um 1870 als ausgerottet. 50 Jahre später wurden norwegische Biber angesiedelt. Nun ist der Bestand wieder stabil.

Värmland ist auch die Region der weißen Elche. Nirgendwo sonst werden die zauberhaften Tiere so oft erspäht. Ihr Aussehen beruht auf einer Genmutation, sie sind aber keine Albinos. Natürlich hinterlässt auch der Anblick eines normalen Elchs bleibende Eindrücke. Zudem sind Dachse, Rehe, Bären, Luchse und sogar Wölfe hier heimisch.

INFO

CAMPINGPLATZ

Die Anlage in Lenungshammar mit Hütten und Stellplätzen liegt im Wald und bietet beste Voraussetzungen, morgens fürs Müsli frische Heidelbeeren zu pflücken. Statt dicht an dicht stehen selbst Wohnmobile für sich und werden von Baumstämmen abgeschirmt. So naturnah campt man selbst in Schweden selten. Auch Kanus und Ruderboote werden dort vermietet. Das Lösen der gebührenpflichtigen »Glaskogskortet« trägt zur Pflege des Naturreservats bei. www.glaskogen.se/de

SCHÖNGEISTIGES ARVIKA

Rund um die nahe Gemeinde Arvika (30 Fahrminuten) zeigt sich vielfach die Lust am Gestalten. In der 1922 gegründeten Galerie Arvika Konsthantverk sind die neuesten Kreationen von 25 Kunsthandwerkern zu sehen. Die Leinenweberei von Klässbol bringt feinste Gewebe hervor, die selbst im Königshaus und beim Nobelbankett genutzt werden. Bei einer Führung blickt man hinter die Kulissen des sympathischen Familienbetriebs. Auch das Rackstadmuseum und das Künstlerheim Oppstuhage sind sehenswert. www.arvikakonsthantverk.se, www.klassbols.se, www.rackstadmuseet.se

← Wem der Blick über das Wasser vom Steg aus nicht genügt, kann sich ein Boot mieten und seine Erkundungen aus der Wasserperspektive fortsetzen. ↑ Bei Lenungshammar gibt es einen Campingplatz mit vielen Heidelbeersträuchern in der Nähe.

38

FLUSSDELTA UND ARCHIPEL

RUND UM KARLSTAD

Wo der Klarälven in den Vänersee mündet, liegt Karlstad, die Hauptstadt der Provinz Värmland. Sie ist der ideale Ausgangspunkt für Floßfahrten und Ausflüge zu den Halbinseln und Landzungen, die sich im geschützten Schärengarten zwischen unberührten Inseln in den See strecken.

Die Provinz Värmland in Schwedens westlicher Mitte – mit Dalarna und Norwegen als Nachbarn – ist für sanfte Hügel, tiefe Wälder und Tausende Seen bekannt. Mittendurch fließt der Fluss Klarälven, bevor er bei Karlstad in den Vänern mündet und Schwedens größtes Binnenseedelta formt. Mit einer Länge von 460 Kilometern (ein Drittel davon in Norwegen) und seinem Verlauf durch waldreiche Gebiete war der Klarälven über Jahrhunderte ein stark frequentierter Transportweg. Bis 1991 – am längsten in ganz Schweden – wurde er für die Flößerei genutzt: Man ließ Baumstämme mit dem Strom zu den Sägewerken treiben. Das Flößereimuseum in Forshaga (Dyvelstens Flottningsmuseum) erinnert an diese Epoche. Mittlerweile ist es fast ein Muss, bei einem Urlaub am Klarälven auf einem Floß flussabwärts zu gleiten.

Südlich von Karlstads Zentrum breitet sich der Stadtpark Mariebergsskogen aus, der gleichzeitig als Naherholungsgebiet mit Tierpark, Freilichtmuseum, Badestellen, Eisbahn und Spielplätzen dient. Das Besucherzentrum Naturum Värmland informiert bei freiem Eintritt über die Landschaft inklusive Tierwelt, Geologie und Kulturgeschichte.

Ein Archipel unter Naturschutz

Die Strände und Schären des Vänersees bilden Schwedens größten Süßwasser-Archipel. Dank des 1980 gebildeten Naturreservats Värmlandsskärgården sind große Teile dieser Inselwelt geschützt, die sich von Karlstad aus nach Westen und Osten erstreckt: von der Landzunge Värmlandsnäs bis nach Kristinehamn. Leider sind die Inseln nur mit eigenem Boot erreichbar. Immerhin: Auf Halbinseln und Landzungen erlebt man das Flair der Inselwelt.

Auf der Halbinsel Hammarö südlich von Karlstad lohnt sich der Spaziergang über einen schmalen Steg auf die vorgelagerte Südspitze (Sydspets): Dort zeigt sich das Seeufer mit charakteristischen rundgeschliffenen Felsen. Man findet aber auch Wald und sumpfige Passagen. In der Vogelstation führt der ornithologische Verein von Karlstad Vogelberingungen durch.

Im Osten schließt das Naturschutzgebiet Segerstads skärgård an. Auch dort ist die Halbinsel der einzige Teil, den man ohne Boot erkunden kann. Zahlreiche flache Naturpfade und Holzbohlenwege schlängeln sich durch das Gebiet (Segerstadsområdet). Die Landzunge Arnäsudde zählt zu den fotogenen Plätzen.

← Die Östra Bron in Karlstad überspannt den Fluss Klarälven und verbindet die Stadtteile Norrstrand und Haga miteinander.
↓ Im Värmland-Museum kann man in 10.000 Jahre Provinz-Geschichte eintauchen.

INFO

FLOSSFAHRT AUF DEM KLARÄLVEN

Beim Ökotourismusveranstalter Vildmark i Värmland bauen die Teilnehmer unter fachmännischer Leitung selbst ein Floß und lassen sich dann mit 3 km/h den Fluss hinuntertreiben. Bei diesem *slow travel* aus dem Bilderbuch kann man in aller Ruhe die Landschaft betrachten. Die Angebote reichen von einem Tag bis zu einer Woche und darüber hinaus.
www.vildmark.se/de

VÄRMLAND-MUSEUM

Das Heimatmuseum in Karlstad beleuchtet die 10.000-jährige Geschichte der Provinz Värmland. Die Kunstausstellung setzt ältere Werke in einen Dialog mit zeitgenössischen Kreationen.
Eine Fahrstunde weiter westlich kann man außerdem das 1764 fertiggestellte Anwesen namens von Echstedtska gården besichtigen – mit einem Café, das zu einer Pause zwischen Obstgarten und Seeufer einlädt.
www.varmlandsmuseum.se

Nach dem dramatischen Sturz beim Wasserfall Njupeskär sucht sich der Fluss Njupån seinen Weg durch die Geröllandschaft.

39

GRENZÜBERSCHREITENDE HOCHEBENE

NATIONALPARK FULUFJÄLLET

Höchster Wasserfall, ältester Baum … der Nationalpark Fulufjället ist ein Ort der Superlative. Er umfasst den schwedischen Teil des gleichnamigen Fjällgebirges, das sich bis nach Norwegen erstreckt, sowie einen Teil des umliegenden Tieflands. In der Kernzone wechseln sich kahle Berge und üppig grüne Täler ab.

Der Nationalpark – übrigens Schwedens südlichster Fjällnationalpark – misst 384 Quadratkilometer. Sein Wegenetz umfasst 140 Kilometer, auch der südliche Abschnitt des bekannten Fernwanderwegs Kungsleden kommt dort vorbei. Zum Übernachten stehen 15 Rasthütten bereit. Allerdings sind Ausflüge zu Fuß nur von Juni bis September möglich, den Rest des Jahres liegt Schnee im Gebirge. Dann kommt man auf den ausgewiesenen Winterwegen *(vinterled)* mit Schneeschuhen oder Langlaufskiern vorwärts.

Als Ausgangspunkt bietet sich das informative Besucherzentrum Naturum beim Haupteingang in den Nationalpark an: Njupeskärsentrén. Von dort ist der Rundweg zum Wasserfall Njupeskär (Njupeskärsslingan) der Klassiker: Er misst vier Kilometer und ist relativ einfach begehbar. Zunächst geht es durch das Tal des Flusses Njupån, der von einem verwunschenen Wald mit 400 Jahre alten Fichten gesäumt ist. Man geht über Holzbohlen, und plötzlich zeigt sich in einiger Entfernung der Njupeskär: Schwedens höchster Wasserfall – ganze 93 Meter hoch, wovon das Wasser aus einer Höhe von 70 Metern frei fällt. In der Prallzone fühlen sich einige Moose, Flechten und Gefäßpflanzen wohl, die in Schweden sonst kaum vorkommen.

Faszinierende Hochebene

Die tiefe Rinne, die der Wasserfall im Sandstein gebildet hat, ist ein Paradebeispiel für das Phänomen der rückschreitenden Erosion – wenn ein Fluss sich sozusagen in Richtung der Quelle zurückbewegt. Steht man oben auf der Hochebene, wirkt der über Jahrtausende entstandene Einschnitt ins Massiv besonders beeindruckend. Dort wachsen auch kaum noch Bäume. Stattdessen ist ein weicher Teppich aus Flechten ausgerollt.

Oberhalb des Wasserfalls steht die fünf Meter hohe Fichte »Old Tjikko«: Mit ihrem 9550 Jahre alten Wurzelwerk ist sie der älteste (Klon-)Baum der Welt. Ihr Entdecker benannte sie nach seinem verstorbenen Hund Tjikko. Im Rahmen einer geführten Wanderung kann man den Ausnahmebaum aus nächster Nähe begutachten.

Der Nationalpark Fulufjället zählt Berglemminge, Biber, Fischotter sowie Elche und Braunbären zu seinen Bewohnern. Durch die Luft sausen Gerfalken, Steinadler, Blaukehlchen und Unglückshäher. Außerdem kann man im seenreichen Norden des Nationalparks angeln. Die Rörsjöarna weisen Schwedens südlichstes Seesaiblingvorkommen auf.

INFO

ERLEBEN & ÜBERNACHTEN
In den Randgebieten des Nationalparks werden allerhand Unternehmungen angeboten. Das Unternehmen Rösjöstugorna AB vermietet im Sommer Kajaks, Kanus und SUP-Boards. Außerdem stehen Übernachtungsmöglichkeiten in urigen Hütten und originellen Glamping-Zelten zur Verfügung. www.rosjostugorna.se

WEITERE ANBIETER
Nordic Footprints nimmt Besucher auf Angelausflüge und zur Waldvogeljagd mit. www.nordicfootprints.se
Scandinavian Hiking organisiert geführte Wanderungen im Nationalpark und darüber hinaus.
www.scandinavianhiking.com
Dalarna Outdoor steht für mehrtägige Ausflüge sowie Wildtiersafaris in Kleingruppen.
www.dalarna-outdoor.com

← Wer sich unter dem ältesten Baum der Welt ein mächtiges Gewächs erwartet hat, wird enttäuscht: »Old Tjikko« ist eine schmächtige Fichte.
↑ Am Ende des Wanderwegs erhebt sich der 93 Meter hohe Wasserfall Njupeskär.

SPECIAL
AUF DEN SPUREN VON ELCH & CO.

WILDTIERE BEOBACHTEN

Die weitgehend unberührte Natur in Schweden bietet vielen Wildtieren den passenden Lebensraum. Elche, Bären, Polarfüchse und kleine Wale fühlen sich in den Wäldern und Seenlandschaften wohl. Wer sie in freier Wildbahn sehen möchte, kann sich Safaris anschließen oder in getarnten Hütten übernachten.

Egal, wo man in Schweden Urlaub macht: Es ist nie weit ins Grüne. Der Großteil des Landes ist unbewohnt, und in der vielfältigen Landschaft mit Wäldern, Blumenwiesen, Seen, Bergen und Flüssen leben zahlreiche Tierarten ganz ungestört.

Bären in Mittelschweden

In Schweden streifen Braunbären überraschend nah an der Zivilisation durch die Wälder. In der Provinz Gästrikland (nur zwei Fahrstunden vom Flughafen Stockholm Arlanda entfernt) kann man sie in ihrem natürlichen Lebensraum sehen. Beim Anbieter Wild Nordic übernachten die Teilnehmer (maximal vier) in einer Holzhütte in einem Kiefernwald. Durch Fenster überblickt man die umgebende Natur in drei Richtungen. Von diesem Aussichtspunkt aus kann man neben Bären auch andere Waldtiere wie Füchse, Dachse und Eichhörnchen erspähen (Mai–Sept., www.wildnordic.se/bear). Ein ähnliches Konzept bietet Lofsdalen Bear's Den in Härjedalen, einem der bären-

← In der Region Härjedalen werden besonders viele Bären gesichtet.
↙ Handzahm oder in freier Wildbahn: Elche kann man in Schweden relativ oft sehen.
↓ Wer Polarfüchse beobachten möchte, sollte am besten eine Safari buchen – die Organisatoren kennen die besten Plätze und achten auf Abstand.

reichsten Gebiete Schwedens, das 300 Kilometer weiter nordwestlich liegt. Dort haben sechs Personen Platz und die Hütte ist moderner und bequemer ausgestattet (www.lofsdalenbearsden.com).

Polarfüchse im Helagsgebirge

Wer eins von Schwedens seltensten Säugetieren sehen möchte, hat im Helagsfjäll gute Chancen: Das Bergmassiv (ebenfalls in Härjedalen) gilt als Gebiet mit der höchsten Dichte an Polarfüchsen in ganz Skandinavien. Die Berghütte STF Helags Fjällstation organisiert im Sommer Safaris in die Nähe eines bewohnten Baus, wobei man aus sicherer Entfernung durch ein Fernglas blickt. Die Einnahmen aus den Teilnahmegebühren kommen dem Artenschutz von Polarfüchsen in Schweden zugute (Juli–Sept., www.svenskaturistforeningen.se/aktiviteter/helags-fjallravssafari).

Elche im Nationalpark Sarek

Die größten Elche Europas leben im Nationalpark Sarek (s. Seite 170). Weil dort das Jagen verboten ist, sind die Tiere nicht so menschenscheu wie im Rest des Landes. Während der Paarungszeit im September interessieren sie sich am allerwenigsten für Zweibeiner, was den Monat – zusätzlich zu den Herbstfarben und den Chancen auf das Nordlicht – zu einer guten Zeit für Elchsafaris im Nationalpark Sarek macht. Weil das Gelände nicht erschlossen ist und man mehrere Tage geht, sollte man eine geführte Wanderung, wie sie etwa von Jokkmokk-Guiderna angeboten wird, in der Gruppe erwägen (www.jokkmokkguiderna.com).

Schweinswale in Südschweden

Vor der Küste Schwedens tummeln sich auch allerlei Tiere im Wasser. Warum also nicht auf eine Safari per Boot gehen? Am Fuße des Kullabergs in Skåne (s. Seite 21) kann man mit Anbieter Kullabergsguiderna Schweinswale beobachten, die mit Delfinen verwandt sind und ihnen optisch auch stark ähneln (www.kullabergsguiderna.se/tumlarsafari).

40

SCHWEDENS WINTERSPORTMEKKA

ÅRE

In der wenig bekannten Region Jämtland, zwischen Östersund und der norwegischen Grenze, liegt das Bergresort Åre mit rund 3500 Einwohnern. Im Winter geht dort die Post ab, wenn die beschneiten Hänge zum Skifahren und Snowboarden einladen. Aber auch im Sommer ist die Landschaft sehenswert.

Wintersportlern bietet Åre vielseitige Möglichkeiten, sich auf Hängen und Loipen auszutoben. Abfahrtsläufer können sich auf 41 Lifte zu 89 Pisten mit insgesamt 102 Kilometer Länge freuen. Das Spektrum reicht vom kindgerechten Hügel bis zur schwarzen Abfahrt, auf der sich Weltmeister messen. Als bedeutendes Wintersportgebiet war Åre nämlich schon mehrmals Austragungsort der Alpinen Skiweltmeisterschaften. Außerdem gibt es einen Snowpark. Ebenso ist das Langlaufen für alle Alters- und Könnerstufen geeignet. Wer etwas Neues ausprobieren möchte, kann die atemberaubende Landschaft bei einer Schneeschuhwanderung, einer Eisklettertour oder einem rasanten Ausflug per Schneemobil genießen. Das Unternehmen Explore Åre bietet das ganze Jahr über Outdoor-Aktivitäten an.

← Åre ist *das* schwedische Skigebiet schlechthin. Obwohl der höchste Berg »nur« 1420 Meter misst, zieht es viele Wintersportler in die Region.

Åre im Sommer

Wenn der Winter vorbei ist, verfällt Åre keineswegs in einen »Sommerschlaf«: Dann preschen Downhill-Mountainbiker die Hänge hinunter und bezwingen Schwedens größten Bikepark mit 36 Trails mit verschiedenen Schwierigkeitsgraden. Der Höhenunterschied beträgt insgesamt 853 Meter. Auch Kletterer nutzen die Höhenunterschiede für Abenteuer im Freien, beispielsweise auf dem Välaberget oder drinnen in der Berghütte STF Storulvån Fjällstation im Nachbarort Duved.

Das hügelige Gelände ist aber genauso zum Wandern und Trailrunning geeignet. Zu den beliebtesten Strecken für Halbtagesausflüge zählen der Rundweg um den See Blanktjärn (Blanktjärnsrundan, 12,3 Kilometer), die Wanderung vorbei an mehreren ehemaligen Bergwerken von Fröå Gruva bis Bjälkes Gruva (14 Kilometer) sowie Etappen auf dem Pilgerweg St. Olavsleden. Der Hausberg Åreskutan ist 1420 Meter hoch, wobei man mit der Kabinenbahn »nur« bis auf 1274 Meter kommt. Wer das letzte Stück – 1,2 anstrengende Kilometer über Steine und Geröll – aus eigener Kraft meistert, wird mit einer Stärkung in Schwedens höchstgelegenem Gipfelcafé belohnt: der Toppstugan.

INFO

PULS CAMP ÅRE

Unter dem Motto »Persönliche Erlebnisse und lehrreiche Strapazen« bietet das Aktivitätszentrum Puls Camp Åre Paddeltouren, Wildwasserrafting, geführte Wanderungen, Schneeschuhwanderungen und Schneemobilfahrten an. Außerdem gibt es eine Zipline über das Susabäcken-Flusstal. Dabei hat man die Wahl zwischen familienfreundlich (grüne Linie) und richtigem Adrenalinkick (schwarz).
www.campare.se

GLEITSCHIRMFLIEGEN

Vom Hausberg Åreskutan kann man ohne jegliche Vorkenntnisse per Tandemflug durch die Luft gleiten und auf dem Landeplatz Draklanda in Åre landen. Um den Aufstieg per Gondel kümmert sich jeder Teilnehmer selbst. Falls die Bahn nicht fährt, wird ein Transferbus eingesetzt. Das ganze Programm mit Aufstieg, Instruktionen, Flug und Nachbereitung dauert etwa 90 Minuten. Gegen einen Aufpreis gibt es Fotos und Videos als Andenken. Die Anmeldung erfolgt online oder kurzfristig per Telefon (Tel. 0046/70/569 90 89).
www.skysport.se/tandemflyg-i-are

ALLGEMEIN

www.aresweden.com, www.exploreare.se, www.visitostersund.se

Abstecher nach Östersund

In einer reichlichen Stunde kommt man per Auto oder Zug in die Hauptstadt der Provinz Jämtland: Östersund. Mit etwa 50.000 Einwohnern zählt sie immerhin zu den 25 größten Städten Schwedens. Ihre Besonderheit ist die pittoreske Lage am See Storsjön, der seine vielen Arme in die Umgebung ausstreckt. Außerdem trägt sie seit 2010 den Titel »UNESCO City of Gastronomy«, der auf eine mit Hingabe gepflegte kulinarische Tradition hinweist. Viele Restaurants – und das gilt nicht nur für hochpreisige – kochen mit regionalen sowie saisonalen Zutaten, was angesichts der nördlichen Lage überraschen mag. Sehenswert ist das Jamtli-Museum, das von der Geschichte und Kultur der Region berichtet.

41

FELSEN, INSELN UND FISCHERDÖRFER

HÖGA KUSTEN

Die »Hohe Küste« im Norden zählt zu den Sehnsuchtszielen in der schwedischen Natur. Nirgendwo sonst auf der Welt kann man so hoch steigen und gleichzeitig so nah am Meer sein. Das etwa hundert Kilometer lange Gebiet zwischen den Städten Härnösand und Örnsköldsvik gehört zum UNESCO-Weltnaturerbe.

An der nordschwedischen Küste – genauer gesagt in der historischen Provinz Ångermanland – hat die Eiszeit eine einmalige Landschaft geformt. Eine drei Kilometer dicke Eisschicht drückte auf die Erdkruste und presste das Grundgestein ganze 800 Meter nach unten. Mit dem Abschmelzen stieg der Untergrund langsam wieder auf. Diese sogenannte Landhebung war in diesem Gebiet besonders ausgeprägt – stellenweise ist die Landmasse 286 Meter in die Höhe gestiegen. Und obwohl seit der Eiszeit 10.500 Jahre vergangen sind, »wächst« die Hohe Küste noch immer jedes Jahr um einen knappen Zentimeter. Aufgrund dieser geologischen Eigenart wurde das Gebiet im Jahr 2000 zum UNESCO-Weltnaturerbe erhoben.

Zerfurchte Landschaft

Es gibt nicht »die eine«, bestimmte Adresse, die man ins Navi eingibt, um Höga Kusten zu erleben. Vielmehr handelt es sich um eine lang gestreckte Küstenregion mit unzähligen Buchten, Hügeln, Inseln und Wäldern, in der man sich seine Lieblingsplätze heraussucht und erwandert. Von der Stadt Härnösand am südlichen Ende bis nach Örnsköldsvik im Norden verläuft der Hochküstenweg (Höga-Kustenleden): ein 130 Kilometer langer Wanderweg mit 13 Etappen. Ein beliebter Tagesmarsch sind die drei Etappen 8 bis 10 (insgesamt ca. 14 Kilometer), die vom Skuleberg durch den Nationalpark Skuleskogen (s. Seite 156) und bis nach Köpmanholmen führen. Dort fahren wiederum Fähren auf die Inseln Ulvön und Trysunda ab. Die faszinierende Landschaft der Hohen Küste endet nämlich nicht dort, wo das Festland abrupt dem Meer weicht. Vor der Küste sind einige Inseln in die Bottensee gestreut, und im Sommer gehen regelmäßig Fähren in diesen Archipel.

Ulvön – die Surströmming-Insel

Besonders aufschluss- und erlebnisreich ist ein Besuch der Insel Ulvön. Eigentlich sind es zwei Inseln, aber mit öffentlichen Verkehrsmitteln erreicht man nur die größere, nördliche der beiden (Norra Ulvön). Dort wird man vom Fischerdorf Ulvöhamn begrüßt, das seit 1613 besiedelt ist. Die Hafenpromenade ist von pittoresken roten Fischerhütten gesäumt, in der Kapelle von 1622 sind Wand- und Deckengemälde erhalten, und vom Lotsberget hat man eine gute Aussicht. In zwei Stunden kann man längs über die Insel und durch das Naturschutzgebiet Stormyran wandern. Im Norden liegt das ungleich kleinere und ruhigere Fischerdorf Sandviken, wo Besucher in den alten Fischerhütten direkt am Strand übernachten können.

→ Im Leuchtturm der kleinen Insel Högbonden kann man mit spektakulärem Ausblick übernachten.

Das Inselmuseum (Ulvö Museum) erzählt die Geschichte der maritimen Gemeinde, die mit einer berühmt-berüchtigten schwedischen Spezialität verbunden ist: dem vergorenen Hering namens *Surströmming*. Noch immer wird er in Ulvöhamn hergestellt, wenn auch in geringem Umfang. Im Juli und August können Besucher in der »Salzerei« Ulvö Lilla Salteri vorbeischauen und die regionale Delikatesse verkosten. Auch die Gaststätten im Dorf servieren gelegentlich *Surströmming* (geruchsbedingt im Freien).

Wie viele andere Fischerdörfer (auf Schwedisch *fiskelägen*) in der Region wurde Ulvöhamn von den sogenannten Gävlefischern gegründet. Diese Berufsfischer aus der südlicheren Küstenstadt Gävle hatten über 200 Jahre lang das Monopol

INFO

HILFREICHE WEBSITES

Ausführliche Informationen zu Orten, Wanderwegen, Naturerlebnissen und Sehenswürdigkeiten (auf Deutsch): www.hogakusten.com/de

Karte der außergewöhnlichen Schutzhütten von ArkNat: www.arknat.com/hogakusten

FREILICHTMUSEUM MANNAMINNE

Im Kirchspiel Nordingrå haben kreative Bewohner einige Ausflugsziele hervorgebracht. Die größte Attraktion in dieser Landschaft mit zahlreichen Hügeln, Seen und rötlichem Granit ist das Freilichtmuseum Mannaminne (»Menschengedenken«), das der Künstler Anders Åberg (1945–2018) aufgebaut hat. Es ist ein kurioses, verspieltes Gesamtkunstwerk mit rund 50 Gebäuden und allerlei Sammlerstücken aus aller Welt. www.mannaminne.se/de/

Das Freilichtmuseum Mannaminne vereint unterschiedlichste Objekte, darunter eine Saab J-35 Draken.

auf den gesamten Fischfang an der nordschwedischen Küste mit ganzen 2000 Küstenkilometern. Eine weitere Adresse für neugierige Feinschmecker ist das Surströmming-Museum Fiskevistet mit dazugehörigem Restaurant in Skeppsmalen (auf dem Festland; nur im Sommer geöffnet). Der Besuch dort lässt sich mit einem Spaziergang zum Leuchtturm Skagsudde fyr kombinieren, vor dem sich eine spektakuläre felsige Küste ausbreitet.

Wanderer schätzen die modernen Schutzhütten, die beim Architekturfestival ArkNat entstehen. Auf dem Körningsberget in Nordingrå steht beispielsweise der »Tree Cube« – ein hölzerner Würfel, der an einem Baum befestigt und über eine Leiter zu erreichen ist. In diesem und den anderen kuriosen Bauten im Grünen kann man eine fantastische Aussicht genießen und sogar gratis übernachten (mit eigenem Schlafsack).

Weitere Inseln

Die Fähre *M/F Ulvön*, die von Köpmanholmen nach Ulvön fährt, hält auch an der Insel Trysunda an. Das dortige Fischerdorf, das sich malerisch an die Bucht schmiegt, wurde ebenfalls von den Gävlefischern um 1600 gegründet – und es war auch hier, wo 1899 die letzten beiden »fischenden Fernfahrer« den Sommer über angelten, um ihren Fang im Herbst in der Heimatstadt zu verkaufen. Mittlerweile ist die ganze Insel ein Naturreservat. Wer in dieser abgeschiedenen Idylle mit Buchten und Sandstränden länger entspannen möchte, kann im Hostel Trysunda Vandrarhem übernachten.

Noch entrückter wirkt die Miniinsel Högbonden mit dem gleichnamigen Naturreservat und einem Leuchtturm in spektakulärer Lage. In der ehemaligen Wohnung des Leuchtturmwärters sind heute Gästezimmer eingerichtet. Im Sommer gehen täglich Fähren ab Barsta und Bönhamn.

Kunst in der Natur

Die einmalige Landschaft der Hohen Küste hat schon viele Künstler inspiriert – und vor der schroffen Kulisse wirken Skulpturen und moderne Architektur besonders beeindruckend. Im High Coast Art Valley sind rund 30 Kunstwerke in der Landschaft platziert. Das »Kunsttal« folgt dem Fluss Nätraälven von der Küste ins Hinterland. Beim Herrgårdsparken in Köpmanholmen stehen mehrere Skulpturen nah beieinander.

↖ Die Insel Trysunda – neben Ulvön ein beliebtes Ausflugsziel – bietet ein pittoreskes Fischerdorf und ein Naturschutzgebiet.
↗ Moderne Schutzhütten vom Architekturfestival ArkNat: »He« auf dem Värsberget bei Docksta …
→ … und das verwinkelte »A-Maze-Thing« am gelben Wanderpfad bei Örnsköldsvik.

42

EIN BERG UND EIN NATIONALPARK

SKULEBERG & SKULESKOGEN

Der Nationalpark Skuleskogen ist das Herz von Höga Kusten. Die Landschaft hat alles, was typisch für das Gebiet ist: hohe Berge, urige Wälder und fotogene Küstenabschnitte mit vorgelagerten Inseln. Auf keinen Fall auslassen sollte man außerdem die Felsspalte Slåttdalsskrevan.

Für den Aufstieg auf den 295 Meter hohen Berg stehen drei Möglichkeiten zur Auswahl: wandern, gondeln oder klettern. Der Klettersteig namens Via Ferrata ist der längste seiner Art in Europa. Es gibt drei Routen mit verschiedenen Schwierigkeitsstufen, und jeder, der zwischen 40 und 140 Kilogramm wiegt und entsprechend mutig ist, kann die Klettertour antreten. Wer vor allem wegen der Aussicht kommt und sich einen gemütlichen Ausflug wünscht, sollte den Sessellift nutzen, der erst 2021 eröffnet wurde. Am Fuße des Bergs befindet sich das Besucherzentrum Naturum Höga Kusten, oben sorgt das Gipfelcafé Toppstugan für das leibliche Wohl der Wanderer.

Durch den Skulewald

Nordöstlich des Berges erstreckt sich der Nationalpark Skuleskogen (*skog* bedeutet Wald) bis ans Meer. An drei Stellen – im Süden, Westen und Norden – kann man parken und die Wanderung beginnen, wobei der Entré Syd am meisten genutzt wird. Von dort ist nämlich der Weg zur Hauptattraktion des Nationalparks am kürzesten: Nach gut drei Kilometern erreicht man die »Slåttdalsskrevan« – eine sieben Meter breite Felsspalte mit 30 Meter hohen Wänden zu beiden Seiten und einer Länge von etwa 200 Metern.

Während der Fernwanderweg Höga-Kustenleden westlich davon durch den Wald führt, kann man alternativ dem Pfad am Wasser entlang folgen. Dabei kommt man an den roten Hütten namens Näskebodarna vorbei. Im Gebiet des Nationalparks haben zwar nie Menschen dauerhaft gewohnt, aber im Sommer schickten Bauern ihre Kühe dorthin zur Sommerweide, und die jungen Mägde, die auf die Tiere aufpassten, kamen in diesen Holzhäuschen unter. Noch heute können Wanderer darin übernachten. Beim See Tärnättvattnen sowie auf der Inselgruppe Tärnättholmarna stehen weitere Schutzhütten mit einfachen Liegen bereit, die man gratis nutzen, jedoch nicht reservieren kann.

Der Nationalpark zeichnet sich durch eine Vegetation aus, in der Süd- und Nordschweden aufeinandertreffen. An den südwestlichen Hügeln wachsen südliche Arten wie Linde, Ahorn, Leberblümchen und sogar Haselsträucher. Dagegen fühlen sich Pflanzen, die sonst eher im Gebirge vorkommen, in den Schluchten und an den Nordhängen wohl: Alpenscharten, Alpen-Lichtnelke und Rippenfarn. In den Tälern drängen sich stattliche Fichten, und auf den sonst kargen Bergen trotzen die ältesten Exemplare seit über 500 Jahren Wind und Wetter.

INFO

ÜBERNACHTEN
Die erste Adresse für Naturburschen im Gebiet der Hohen Küste ist das Resort FriluftsByn am Fuße des Skulebergs. Dort gibt es einfache Ferienhäuser für 2 bis 6 Personen sowie Stellplätze für Wohnmobile und Zelte. Im Restaurant Vardagsrummet (»Wohnzimmer«) kommen Wanderer zusammen. Die Lage am See Gällstasjön eignet sich auch zum Baden und Grillen.
www.friluftsbyn.se

CROSSLÄUFE
Die Betreiber des FriluftsByn organisieren jedes Jahr mehrere Sportveranstaltungen in der Umgebung. Anfang September legen Läufer und Wanderer beim »Höga Kusten Trail« 25 bzw. 43 Kilometer zurück. Im Februar gehen sie beim »Winter Trail« im verschneiten Nationalpark an ihre Grenzen (25, 35 bzw. 50 km). Immer geht es darum, sich selbst herauszufordern, die Landschaft mit Skuleberg und Nationalpark aktiv zu erleben und Gleichgesinnte kennenzulernen.
www.hogakustentrail.se,
www.hogakustenwintertrail.se

← Die Felsspalte Slåttdalsskrevan bietet einen imposanten Anblick: ein schmaler Gang zwischen 30 Meter hohen Wänden.
↑ Viel weiter reicht der Blick am Wasser, wo man über rund gespülte Klippen wandert.

Im Nationalpark Padjelanta findet man vereinzelte Hütten zum Übernachten, die von Rentierzüchtern gepflegt werden.

NORD-SCHWEDEN

Nordlichtjagden, extreme Touren und faszinierende Begegnungen am äußersten Rand Europas

43

GRÜNES WUNDER

NATIONALPARK ABISKO

Weiter nördlich kann man in Schweden (fast) nicht kommen: Abisko liegt 250 Kilometer über dem Polarkreis. Im Sommer scheint die Sonne rund um die Uhr, und in den dunklen Nächten herrschen ideale Bedingungen für Nordlichtjäger. Wanderer haben die Auswahl zwischen Kurztrips und einer Mammut-Tour.

In Abisko kommen Urlauber mit unterschiedlichsten Wünschen und Plänen zusammen: Während sich im Sommer die einen bereitmachen, den 400 Kilometer langen Kungsleden zu bezwingen, sind die anderen vielleicht auf der Durchreise und fahren nach einem Tagesausflug in die Natur mit dem Arctic Circle Train oder mit dem Wohnmobil weiter nach Norwegen. Im Herbst kommen die Nordlichtjäger hinzu, die alle Hoffnung auf ein, zwei Nächte an dem Ort setzen, der (wissenschaftlich belegt!) die weltweit höchsten Chancen auf Sichtungen der *Aurora Borealis* hat. Dank des Potpourris an Möglichkeiten ist man in Abisko nie alleine, und alle Besucher teilen das Wissen, dass sie am äußersten Rand Europas gelandet sind. 2400 Kilometer nördlich von Berlin. Absurd eigentlich. Aber das schweißt zusammen, und Gespräche entstehen ganz mühelos.

Insbesondere der Anblick des von Bergen umgebenen Torneträsk inspiriert: In den ganzen Skanden gibt es keinen größeren See, und in Schweden übertrumpfen ihn nur fünf. Zum Nationalpark gehört lediglich das Flussdelta des Abiskojåkka. Dort beträgt der Abstand zum gegenüberliegenden Ufer zehn Kilometer; in der Länge misst das Gewässer ganze 70 Kilometer. Wie in vielen schwedischen Nationalparks und Naturschutzgebieten beginnt das Abenteuer mit einem Abstecher ins Besucherzentrum: Das Naturum Abisko berichtet von einer Landschaft im Wandel und wie sich Klimaveränderungen auf die Lebensräume für Pflanzen und Tiere auswirken. Die Bergwelt des Nationalparks beherbergt nämlich ein störungsanfälliges Ökosystem aus einzigartiger Geologie, Flora und Fauna.

← Im Norden wird der Nationalpark Abisko vom See Torneträsk begrenzt.

Wege für jedes Zeitbudget

Gleich am Parkplatz hinter dem Bahnhof Abisko Turiststation startet der Wanderweg Kungsleden (s. Seite 164), dessen erste Etappen hier bereits 1906 angelegt wurden. Auch der 800 Kilometer lange Nordkalottleden passiert den Nationalpark. Abisko lockt also seit über einem Jahrhundert Wanderer an, und obwohl der Nationalpark Kultstatus hat und die Pfade von Hunderttausenden Füßen ausgetreten sind, hat die Landschaft nichts an Ursprünglichkeit und Sauberkeit eingebüßt. Man fühlt sich gleichzeitig als Teil einer großen Bewegung und hat die Natur doch oftmals ganz für sich allein. Ein weiterer Faktor für die hohe Beliebtheit des Parks, der manche Besucher Jahr für Jahr anzieht, ist das günstige Klima: Abisko gehört zu Schwedens sonnigsten Gebieten; Regenwolken bleiben an den schützenden Bergen im Westen hängen.

Kurz nach dem Start verschwinden die Wanderer in den Wald aus zarten Fjällbirken und folgen dem Fluss Abiskojåkka gegen den Strom. Auch wer nicht vorhat, die 400 Kilometer bis Hemavan oder die gut 100 Kilometer zum Kebnekaise zu gehen, kann dem Pfad auf seinem ersten Stück einiges abgewinnen. Nach drei Kilometern erreicht man den Steinbruch »Marmorbrottet«, wo im 19. Jahrhundert kurzzeitig Dolomitstein abgebaut wurde. Einen Kilometer weiter passiert man die fotogene Hängebrücke über den Fluss Nissonjohka, kurz bevor dieser in den Abiskojåkka mündet. Mehr als einen halben Tag braucht man für Hin- und Rückweg nicht einzuplanen, doch am Ziel liegt der Zeltplatz Nisson mit Schutzhütte und Feuerstelle für diejenigen, die dem Rauschen der Flüsse beim Einschlafen lauschen möchten. Wer sich ein längeres Wandererlebnis im Nationalpark Abisko wünscht, kann dem Kungsleden 14 Kilometer bis zu den Berghütten Abiskojaurestugorna (STF Abiskojaure Fjällstuga) folgen und dort, am Ufer des namensgebenden Gebirgssees, idyllisch übernachten.

Der Berg Nuolja

Anstatt das Abiskojåkka-Tal zu erkunden, können sich Bergfreunde auch den 1169 Meter hohen Nuolja (auf Nordsamisch Njullá) vornehmen. Es gibt sogar einen Sessellift, der Wanderer in 20 Minuten auf eine Höhe von 900 Metern über dem Meeresspiegel bringt. Im Winter kommen Besucher zum Skifahren und um in der Aurora Sky Station auf das Polarlicht zu warten. Im Sommer hat man einen herrlichen Panoramablick auf den Torneträsk und ist auf Augenhöhe mit den Bergen auf der anderen Seite. Im Süden zeichnet sich das markante u-förmige Trogtal Lapporten ab.

Man geht über Hochheideland, wo sich das weiß-rosa blühende Läusekraut *Pedicularis hirsuta* und die Einblütige Glockenblume wohlfühlen. Typische Einwohner aus dem Vogelreich sind Mornellregenpfeifer und Goldregenpfeifer, die sich in der offenen Landschaft beobachten lassen oder zumindest mit ihrem Gesang bemerkbar machen.

Eine pflanzliche Besonderheit des Nuolja ist die Wenigblütige Waldhyazinthe *(Platanthera obtusata oligantha)*, eine wilde Orchideenart. Sie wächst bevorzugt auf lockerer, nasser Erde an Berghängen. Ihren spezifischen Ansprüchen an den Lebensraum wird in ganz Schweden nur der Nationalpark Abisko gerecht, genauer gesagt die Nordseite des Bergs. Auch der schwarz-braune Freija-Fritillaryschmetterling wird dort gesichtet. Weitere Standorte der Blume, die ihrem Namen zum Trotz gar keine Hyazinthe ist, gibt es in Norwegen, Finnland, Sibirien und im Osten Russlands. Ihre geruchlosen, kleinen grün-weißen Blüten, die sich von Mittsommer bis Ende Juli zeigen können, fallen von Weitem gar nicht auf. Trotz ihres unscheinbaren Aussehens und obwohl sie – wie alle Orchideen in freier Wildbahn – in Schweden unter Artenschutz steht, wird der Bestand vom illegalen Einsammeln bedroht.

← Auf der Wanderung durch den Nationalpark legt man spektakuläre Passagen zurück.
↗ In Schwedens hohem Norden beginnt die herbstliche Laubfärbung schon Mitte September und dauert auch nur wenige Wochen an.

INFO

ANREISE
Mit Zug oder Flugzeug nach Kiruna. Dort hat man Anschluss an den Arctic Circle Train mit der Endstation Narvik in Norwegen. Wer länger in der Gegend verweilen möchte, um Nordlichter zu beobachten, kann auch in Kiruna übernachten und für abendliche Expeditionen ein Auto mieten. www.kirunalapland.se

ÜBERNACHTEN & AKTIVITÄTEN
Die STF Abisko Turiststation mit Gastronomie und Übernachtungsmöglichkeiten hat Hotelzimmer, Mehrbettzimmer im Hostel und Ferienhäuser für bis zu 6 Personen. Außerdem werden zahlreiche Ausflüge angeboten: geführte Wanderungen und Skitouren, Nordlichtwanderungen, Eisklettern und Höhlenbesuche. Es gibt aber auch noch ein Dorf namens Abisko mit einer eigenen Haltestelle (Abisko Östra). Dort sind weitere Unterkünfte und Anbieter angesiedelt, darunter die charmante Abisko Mountain Lodge. www.swedishtouristassociation.com/abisko, www.abiskomountainlodge.se

Schöner Schein: Es ist wissenschaftlich nachgewiesen, dass man in Abisko die höchsten Chancen auf Nordlichtsichtungen hat.

SPECIAL

AUF DEM »KÖNIG DER WEGE« DURCH DIE WILDNIS

DER KUNGSLEDEN

Der 400 Kilometer lange Kungsleden ist Schwedens bekanntester und beliebtester Fernwanderweg. Er zieht sich durch die Wildnis von Lappland und lässt Wanderer die Zwänge und Sorgen des Alltags vergessen: Die friedliche Fjällwelt gibt eine neue Perspektive auf viele Dinge im Leben.

Der »Königspfad« zwischen Abisko im Norden und Hemavan im Süden ist nicht nur in Schweden, sondern auch im Rest der Welt für seine einmalige Landschaft bekannt. So gut erschlossen und doch so wild – diese Kombination findet man selten. Das spektakuläre Erlebnis haben wir dem schwedischen Wanderverein (Svenska Turistföreningen, STF) zu verdanken, der 1885 gegründet wurde, um die Natur für Hobbywanderer leichter zugänglich zu machen. Schon ab 1909 legten die Enthusiasten mit der Strecke zwischen Abisko und Kvikkjokk den halben Kungsleden an. Der Name war (und ist) Programm: Der »König der Wander-

← Wer kein Zelt dabei hat, kann auch in einer von mehreren einfachen Berghütten *(fjällstuga)* übernachten.
↙ Bestens erschlossen und dennoch ein reizvolles Stück Natur

wege« sollte durch die schönsten Gebiete des schwedischen Fjälls führen.

Trotz der weitgehend unberührten Natur mit Bergen, Gletschern und Stromschnellen ist der Kungsleden also recht einfach zu begehen. Meistens wandert man nämlich über gerade Wege, und über feuchten Untergrund sind Holzbohlen verlegt. Die breiten Gewässer lassen sich dank (fotogener!) Hängebrücken trockenen Fußes überqueren. Und alle zwölf bis 20 Kilometer stehen Hütten zum Übernachten bereit, manche sogar mit Sauna!

Wanderklassiker in einer Woche

Die 108 Kilometer von Abisko nach Nikkaluokta bilden den beliebtesten Abschnitt des Kungsleden. In sieben Tagesetappen geht es durch den Nationalpark Abisko, durch üppige Flusstäler, übers Bergmassiv und zum höchsten Punkt des ganzen Kungsleden: den 1150 Meter hohen Tjäktapasset. Eine Rentierherde zu erspähen, ist auf dieser Strecke sehr wahrscheinlich.

Genau genommen gehören die Abzweigung von Singi nach Nikkaluokta und die Besteigung des Kebnekaise (s. Seite 166) nicht zum Kungsleden, denn dieser verläuft westlich von Schwedens höchstem Berg vorbei und in südlicher Richtung weiter in den Nationalpark Stora Sjöfallet. Aber es ist einfach zu verlockend, die Gipfeltour mitzunehmen und die guten Anbindungen von Nikkaluokta zurück nach Hause zu nutzen.

Wer den Kebnekaise auslässt oder nach der Besteigung über eine Abkürzung zum Kungsleden zurückkehrt, wird weiter südlich mit vielen landschaftlichen Highlights belohnt. Bei Sitojaure überqueren Wanderer zwei Seen per Ruderboot, und bei Aktse bietet sich ein Abstecher auf den 700 Meter hohen Berg Skierfe an, von wo man eine weltweit einzigartige Aussicht auf das Rapatal im Nationalpark Sarek hat (s. Seite 170).

INFO

WANN WANDERN?

Die beste Reisezeit für den Kungsleden ist subjektiv: Will man im Schein der Mitternachtssonne gehen? Dann eignet sich der Juni, der aufgrund der Schneeschmelze aber auch ein nasser Monat ist – und durch manche Wasserläufe muss man waten. Lieber Trockenheit und Wärme? Dann bieten sich Juli und August an; man muss jedoch mit Mücken und vielen Mitwanderern rechnen. Spektakuläre Herbstfarben und gute Chancen aufs Nordlicht? Der September macht's möglich, es kann dann aber auch schon schneien.

ÜBERNACHTEN

An jedem Etappenziel gibt es Übernachtungsmöglichkeiten für jene Wanderer, die ohne Zelt unterwegs sind. Das sind entweder voll ausgestattete Herbergen *(fjällstation)* oder einfachere Hütten *(fjällstuga)*.
Eine »Fjällstation« hat meistens Restaurant, buchbare Aktivitäten, Vermietung von Ausrüstung, fließendes Wasser und Strom, manchmal sogar Parkplätze. Eine »Fjällstuga« hingegen ist nur zu Fuß erreichbar und kommt ohne Strom- und Wasseranschluss aus, außerdem kocht man selbst. Weil die Betten der Stuga nicht im Voraus reserviert werden können, schlafen die Letzten unter Umständen am Boden. Aufgenommen wird aber jeder. www.svenskaturistforeningen.se

44

SCHWEDENS HÖCHSTER BERG

KEBNEKAISE

Einmal im Leben Schwedens höchsten Punkt erleben: Dieser Traum lässt sich mit verhältnismäßig wenig Aufwand verwirklichen. Geübte Wanderer schaffen es in ein bis zwei Tagen. Bei der Luxusvariante steigt man in Nikkaluokta in einen Helikopter und bewundert das Bergmassiv von oben.

Der Kebnekaise hat zwei Gipfel, die um den Titel »Schwedens höchster Punkt« wetteifern. Während nämlich der nördliche (zumindest im Sommer) kahl ist, wird der südliche von einem Gletscher bedeckt. Bis 2018 war Letzterer am höchsten, doch mittlerweile ist das Eis so weit abgeschmolzen, dass der solide Nordgipfel mit einer Höhe von 2060 Metern über dem Meeresspiegel auf dem Siegertreppchen ganz oben steht. Trotzdem ist der südliche, vergletscherte Gipfel leichter zu besteigen als sein Nachbar. Tatsächlich setzt der Westpfad (Västra leden) keine speziellen Fähigkeiten voraus: Mit guter Kondition, Wanderstäben, wasserfesten Stiefeln und der üblichen Ausrüstung haben sich schon viele Hobbywanderer diesen Lebenstraum erfüllt. Die Gesamtlänge der Wanderung beträgt etwa 20 Kilometer (hin und zurück), wobei Höhenunterschiede von insgesamt 1800 Metern zu überwinden sind. Pro Richtung sollte man – je nach Wetter und Kondition – sechs bis sieben Stunden einplanen.

Ein Abenteuer – zwei Gipfel

Der Weg beginnt an der Berghütte STF Kebnekaise Fjällstation, die schon 684 Meter über null liegt. Von dort geht es durch das von Steinbrocken übersäte Kittelbäcken-Flusstal, in dem man sein Zelt aufschlagen kann: Immerhin sind dort schon 400 Höhenmeter gewonnen. Über Steinhänge und eine lange Treppe führt der Weg weiter auf den Vorgipfel Vierramvare (1711 Meter). Diesem ersten Erfolg widmen viele Wanderer ein selbst gebautes Steinmännchen.

Bei der Durchquerung des »Kaffeetals« büßt man 200 Höhenmeter ein. Dort sollte man sich bei einer Picknickpause ernsthaft überlegen, ob der Aufstieg zum Gipfel noch realistisch ist oder ob eine Umkehr sicherer wäre. Schließlich muss man hinterher auch den Abstieg schaffen. Die Schutzhütten auf dem Gipfel sind nämlich nicht zum Übernachten vorgesehen, weil sie sich nicht aufheizen lassen. Wer sich überwindet, erreicht nach etwa 400 Höhenmetern eine alte Schutzhütte. Dort mündet der schwierigere Ostpfad, auf dem man klettern muss, in den Westpfad, wodurch die Anzahl der Wanderer beim Endspurt plötzlich ansteigt.

Bei klarer Sicht ist vom Kebnekaise aus ein beeindruckendes Elftel von Schwedens Landfläche zu sehen. Gipfel für Gipfel erstreckt sich das Kebnekaise-Massiv hin zum Horizont. Es gehört zum Skandinavischen Gebirge, das sich vom Nordkap bis nach Südnorwegen zieht und Schweden vom wärmenden Golfstrom abschirmt.

← Manche echten Bergprofis nehmen sich die Bezwingung des Kebnekaise sogar im Winter vor. Der Südgipfel ist das ganze Jahr vergletschert.
↓ Wer möchte, kann sich mit dem Helikopter zur STF Kebnekaise Fjällstation bringen lassen.

INFO

ANREISE

Von Kiruna fährt man mit Bus oder Auto nach Nikkaluokta, wo die Straße endet. Dort beginnt die erste Tageswanderung: 19 Kilometer zur Berghütte am Fuße des Kebnekaise mit Übernachtung und Verpflegung (STF Kebnekaise Fjällstation). Der Weg durch das Flusstal ist an sich schon ein Erlebnis.
www.svenskaturistforeningen.se/kebnekaise

PER BOOT ODER AUS DER LUFT

Auf dem Weg von Nikkaluokta in die Bergwelt erreicht man nach 5,6 Kilometern den Gletschersee Ladtjojaure. Dort wartet die Gastwirtschaft Enoks mit Waffeln, Rentierburgern, Unterkünften und Aktivitäten auf. Alle, die weiterwollen, können die Hälfte der verbleibenden 13 Kilometer per Boot zurücklegen. Von Mittsommer bis Mitte September gibt es täglich bis zu sechs Abfahrten. Im Winter wiederum stehen Schneemobiltouren auf dem Programm.
www.enoks.se/battrafiken
Das Unternehmen Kallax Flyg fliegt Wanderer per Helikopter von Nikkaluokta zur STF Kebnekaise Fjällstation, von wo sie zum Gipfel aufbrechen. Auch halbstündige Rundflüge über die Gipfel sind im Angebot.
www.kallaxflyg.se

45

LAPONIA FÜR EINSTEIGER

NATIONALPARK STORA SJÖFALLET

Schwedens drittgrößter Nationalpark bildet das Tor zu Lappland: Wer sich das Fjällgebirge zum ersten Mal vornimmt, erlebt dank Straßenverbindung, Besucherzentrum, markierten Wegen und Berghütten einen sanften Start. Wie weit man in die Wildnis vordringt, ist jedem selbst überlassen.

Man könnte sagen, in Nordschweden leben drei Brüder: Stora Sjöfallet, Sarek und Padjelanta. Sie sind die größten der etwa 30 schwedischen Nationalparks und liegen nah beieinander. Der geselligste von ihnen ist Stora Sjöfallet: Im Gegensatz zu den anderen beiden ist er über eine Straße erreichbar, und es gibt ein Besucherzentrum – das Naturum Laponia – sowie mehrere Übernachtungsmöglichkeiten. Damit eignet sich der Park als Einstieg in die einsame Gebirgslandschaft von Lappland.

Als der Nationalpark 1909 gegründet wurde, waren die namensgebenden, fünf aufeinanderfolgenden »großen Wasserfälle« wirklich noch ein imposantes Naturschauspiel. Damals stürzte der Lule älv, der das ganze westliche Gebiet entwässert, beim Hermelinsfallet breit und ungezähmt vom See Kårtjejaure (415 Meter ü. M.) in den 40 Meter niedriger gelegenen Langas, sodass sogar vom »Niagarafall des Nordens« die Rede war. Das hat sich mittlerweile geändert: Der Fluss wurde an mehreren Stellen eingedämmt und wird teilweise über ein kompliziertes unterirdisches Röhrensystem zu Wasserkraftwerken abgeleitet, sodass nur noch ein schmächtiges Rinnsal im Nationalpark ankommt. Wenn im Mai und Juni der Schnee im Gebirge schmilzt, kann man den majestätischen Anblick von früher zumindest erahnen.

Die Königin von Lappland

Obwohl das Rauschen der Wasserfälle verstummt ist, bietet Stora Sjöfallet ein unvergessliches Erlebnis. Der Großteil des Nationalparks liegt auf der alpinen Höhenstufe und ist von baumloser Fjälltundra geprägt. Der See Akkajaure teilt den Park in eine nördliche und südliche Hälfte, gehört aber aufgrund der wirtschaftlichen Nutzung als Stausee nicht mehr dazu.

Viele Wanderer unternehmen von Stora Sjöfallet aus eine mehrtägige Wanderung durch das Gebiet, wo die drei Nationalparks aufeinandertreffen (das sogenannte »Treparksmötet«). Dazu folgt man der Straße Ritsemvägen – dem »Weg nach Westen« und der einzigen Verbindung tief ins Gebirge – am Naturum vorbei bis zur namensgebenden Samensiedlung mit der Berghütte STF Ritsem. Von dort kann man von Ende Juni bis Anfang September mit dem Boot *M/S Storlule* über den Akkajaure gleiten und auf der anderen Seite das eindrucksvolle Akkamassiv passieren, das sich mit 2015 Höhenmetern den Spitznamen »Königin von Lappland« geholt hat. Ein 75 Kilometer langer Rundweg verbindet vier weitere Hütten.

INFO

NATURUM LAPONIA
Das Besucherzentrum am Wasserfall widmet seine Ausstellung nicht nur dem Nationalpark Stora Sjöfallet, sondern der gesamten 9400 Quadratkilometer großen Welterbestätte Laponia (s. Seite 184) mit ihren Siedlungen, Naturschutzgebieten und vier Nationalparks. Man erfährt, was sich hinter dem klingenden Namen verbirgt und warum die UNESCO das dünn besiedelte Gebiet zum Weltkulturerbe erhoben hat. Und es geht um Natur: Berge, Wälder, Moore. Man taucht in die acht Jahreszeiten der Samen ein, die sich nach dem Lebensrhythmus der Rentiere richten.
www.laponia.nu,
www.swedishtouristassociation.com/areas/laponia

ÜBERNACHTEN AUF DEM RUNDWEG
Die Unterkunft in Ritsem mit Gastronomie sowie die einfachen Akka-, Kutjaure- und Vaisaluoktahütten werden von STF betrieben (Reservierung empfohlen).
www.svenskaturistforeningen.se
Eine weitere Hütte liegt bei Kisuris (Samisch: Gisuris), wo die Grenzen der drei Nationalparks zusammenlaufen. Sie wird von Badjelánnda Laponia Turism betrieben.
www.padjelanta.com/stugor/gisuris

ALLGEMEIN ZUR ROUTE
www.swedishtouristassociation.com/trails/threeparks-meet

← **Im Besucherzentrum Naturum Laponia kann man sich ausgiebig über die Flora und Fauna in dieser faszinierenden Welterbestätte informieren.**
↑ **Wer Glück hat, bekommt im Nationalpark Stora Sjöfallet auch Rentiere zu sehen.**

46

EUROPAS LETZTE WILDNIS

NATIONALPARK SAREK

Keine Parkplätze, keine markierten Wege, keine Schutzhütten und fast keine Brücken ... Der Nationalpark Sarek ist absoluten Wander- und Zeltprofis vorbehalten. Wasser – in flüssiger und erstarrter Form – hat oberhalb des Polarkreises eine poetische, aber schwer zugängliche Landschaft geformt.

Der Nationalpark Sarek in Nordschweden wird gemeinhin als Europas letzte Wildnis bezeichnet. »Unendliche Weiten« sind hier keine Übertreibung: Das von der Eiszeit geformte Gebiet misst knapp 2000 Quadratkilometer, wovon 150 von Gletschern bedeckt sind. Im kurzen Sommer erwacht der Nationalpark zum Leben: Vögel singen und brüten, scheues Wild streift über die Ebenen, die Täler ergrünen, die ersten Moltebeeren recken sich nach dem Licht. Und davon gibt es reichlich: Um Mittsommer geht die Sonne vier Wochen lang nicht unter.

Das Hochgebirge imponiert mit tiefen Tälern, durch die das Schmelzwasser der rund hundert Gletscher abfließt, und gut 200 Berggipfeln mit einer Höhe von über 1800 Metern. Im Gegensatz zu den Alpen laufen die Berge jedoch nach oben nicht spitz zu, sondern bilden eine Landschaft mit abgerundeten Formen. Die Gipfel sind auf etwa zehn Massive verteilt und durch schmale Kämme verbunden. Dazwischen schneiden Wasserläufe Kerben in die Landmasse. Eine Wanderung in Sarek ist eine lebendige Lektion in Sachen Geologie.

Alles fließt

Der faszinierendste Ausblick im Nationalpark Sarek ist jener vom 700 Meter hohen Berg Skierfe auf das Rapadelta: Wasser von 30 Gletschern ergibt vier Flüsse, die wiederum zum Fluss Rapaälven zusammenfließen. Im Westen sieht man das Labyrinth aus Rinnsalen in allen erdenklichen Blautönen, im Osten mündet es in den See Laitaure. Das ganze Rapatal misst etwa 35 Kilometer. Es beginnt in der Mitte des Nationalparks und endet im Südosten. Zur Zeit der großen Eis- und Schneeschmelze im Juni rauscht besonders viel Wasser, was die Durchquerung der ohnehin tückischen Täler zusätzlich erschwert.

Im Nationalpark Sarek kann man sich vorstellen, wie die Natur vor der Entstehung des Menschen ausgesehen haben könnte. Weiter weg von der Zivilisation kann man in Europa nicht kommen, und jeder Schritt macht deutlich, dass man nur Besucher in einer fremden, unberührten und auch gefährlichen Welt ist – mehrere Menschen haben in Sarek schon das Leben verloren. Auch Elche, Braunbären, Luchse und Vielfraße sind dort heimisch. Außerdem kann man mit etwas Glück eine Rentierherde der Sami erspähen. Diese Fjällwelt ist der Inbegriff eines Nationalparks, und es überrascht nicht, dass er 1909 zu den neun ersten Gebieten gehörte, die unter den höchsten Naturschutz gestellt wurden.

← Sehnsuchtsziel Rapatal: Um diesen Anblick zu erleben, muss man einige Strapazen auf sich nehmen und gut vorbereitet sein.
↓ Im Nationalpark Sarek leben Europas größte Elche. Im Herbst sieht man sie am häufigsten.

INFO

ROUTENPLANUNG

Man kann sich dem Nationalpark Sarek aus mehreren Richtungen nähern. Wanderer, die in Kvikkjokk beginnen, gehen oft den Kungsleden (s. Seite 164) nach Norden, übernachten bei STF Aktse und dringen von dort ins Rapatal vor. Auch die Möglichkeit, eine Hälfte der Wanderung per Helikopter zurückzulegen, wird gerne genutzt. Es ist jedoch empfehlenswert, sich einer geführten Wanderung anzuschließen (ca. eine Woche), die mehrere Veranstalter anbieten. www.wildsweden.com, www.jokkmokkguiderna.com, www.laponiaadventures.com

REISEZEIT

Nur in den Monaten Juli, August und September ist der Nationalpark Sarek schneefrei. Im Juli ist es am wärmsten und am längsten hell (es sind aber auch die meisten Mücken unterwegs), im August kann man die meisten Beeren pflücken, und im September kommt man in den Genuss intensiver Herbstfarben. www.sverigesnationalparker.se/sarek

47

SANFTE WILDNIS

NATIONALPARK PADJELANTA

Der größte Nationalpark des Landes bietet zwar keine imposanten Berge und Gletscher, dafür aber eine gut erschlossene, wanderbare Landschaft, wo Rentiere weiden und seltene Blümchen blühen. Regelmäßige Übernachtungshütten und Begegnungen mit den Samen machen die Tour unvergesslich.

Der Nationalpark Padjelanta wurde erst 1962 eingeweiht und ist damit der Nachzügler hinter seinen zwei »Brüdern« Sarek und Stora Sjöfallet. Obwohl er direkt an Sarek angrenzt, unterscheidet sich die Landschaft gewaltig: Dort – eingeklemmt zwischen Sareks felsiger Wand und der Grenze zu Norwegen – fehlen die dramatischen Höhenunterschiede, die Hügel sind weicher und flacher. Und das, obwohl *badjelánnda* in der Sprache der Lule-Samen so viel wie »das höhere Land« bedeutet.

Die gemäßigte Landschaft erleichtert die Wanderung, und im Gegensatz zu Sarek ist der Nationalpark Padjelanta einigermaßen erschlossen: Durch die östlichen Gefilde des Nationalparks zieht sich der 160 Kilometer lange Padjelantaleden, und zwar von Vaisaluokta im Norden (am See Akkajaure) nach Kvikkjokk im Süden. Wo es nötig ist, sind Holzbohlen verlegt und Brücken gebaut. Am Weg liegen mehrere Hütten, wovon einige von samischen Einwohnern betrieben werden. Es macht keinen großen Unterschied, ob man von Nord nach Süd oder umgekehrt geht.

Am Weg – insbesondere um den Berg Jiegnaffo herum – entfaltet sich im Hochheideland die außerordentlich reiche Flora mit dem Fingerkraut *Potentilla robbinsiana,* dem Kleinen Sandkraut, dem rot-gelben Läusekraut *Pedicularis flammea*, dem violett blühenden Felsen-Ehrenpreis und vielen anderen Arten. Manche Pflanzen kommen nirgendwo anders im schwedischen Fjäll vor. Grünlich schimmernde Gewässer durchziehen die weite Landschaft, die ein zentrales Weideland für Rentiere ist.

Samische Begegnungen am See Virihaure

Am Virihaure, einem der größten Bergseen des Landes (und mit 138 Metern auch einer der tiefsten), liegen im Abstand von zwölf (besonders reizvollen!) Kilometern die Übernachtungshütten Arasluokta und Staloluokta. Bei beiden steht jeweils eine kuriose Kapelle: eine kuppelförmige, runde, mit Torf errichtete »Kirchenkote«. Die Umgebung wird als Sommerweideland für die Rentiere genutzt, und die Samen, die sie begleiten, gehen dort zum Gottesdienst. Im Sommer findet normalerweise ein geistliches Wochenende *(kyrkhelg)* pro Sommerlager statt. Außerdem werden im Juli bei beiden Hütten Bootsfahrten auf dem Virihaure angeboten, und die Gastgeber backen selbst typisch samisches Fladenbrot namens *gáhkku*. Manchmal können Gäste auch der Kälbermarkierung beiwohnen oder auf andere Weise Einblick in das traditionelle Leben der Rentierzüchter bekommen.

INFO

AN- UND WEITERREISE

Über Ritsem nach Vaisaluokta: Mit dem Zug kommt man nach Gällivare (Station »Resecentrum«) und von dort weiter mit dem Bus bis Ritsem Fjällstation. Indem man bei der schwedischen Eisenbahn SJ die Fahrkarte bis Ritsem löst, stellt man sicher, dass der Bus bei Bedarf wartet. Von Ritsem geht es per Boot oder Helikopter über den See Akkajaure.
www.padjelanta.se/akkajaure
Ab Kvikkjokk: Mit dem Bus geht es nach Jokkmokk, wo sich ein Zwischenstopp lohnt, denn die Stadt ist ein Zentrum der samischen Kultur mit Museum und Handwerksläden. Eine weitere Busstrecke später ist man in Murjek, wo Anschluss ans Zugnetz besteht. Website der öffentlichen Verkehrsmittel in der Provinz Norrbotten: www.ltnbd.se

HÜTTEN & AKTIVITÄTEN

Im Nationalpark Padjelanta betreibt der Verein Badjelánnda Laponia Turism an sieben Orten Übernachtungshütten mit bis zu 40 Betten. Sie können nicht im Voraus reserviert werden. Von Juli bis Anfang September ist ein Gastgeber vor Ort und man kann Proviant kaufen. Den Rest des Jahres ist immer zumindest eine Hütte pro Ort zugänglich, wenngleich ohne Betreuung (Tel. bei Fragen zu Aktivitäten: 0046/70/281 30 03).
www.padjelanta.com

← Am Nationalpark Padjelanta schätzen die Wanderer die Infrastruktur mit Hütten zum Übernachten. Dort kommt man mit Samen in Kontakt.
↑ Die Berge sind hier nur Kulisse: Man bewegt sich durch überwiegend flaches Gelände.

Sonnenuntergang über dem »höheren Land« im Nationalpark Padjelánta

SPECIAL
WARTEN AUF AURORA

NORDLICHTER BEOBACHTEN

Wer die Polarlichter sehen möchte, braucht vor allem eines: Geduld. Der grüne Schimmer zeigt sich über Lappland zwar regelmäßig, aber oft nur für kurze Zeit. Warme Kleidung, eine Thermoskanne und spannende Ausflüge helfen durch die Wartezeit.

Aus aller Welt kommen Nordlichtjäger nach Nordschweden, denn nirgendwo auf der Welt sind die Voraussetzungen so gut wie dort. Das liegt einerseits an der geografischen Lage: Man kommt dem Nordpol relativ nahe, hat aber immer noch festen Boden unter den Füßen und Zivilisation in der Nähe. Am Südpol ist das anders: Dort leuchten zwar die ebenso magischen Südlichter *(Aurora australis)*, nur hat die Antarktis keine gemütlichen Plätze für Zuschauer. Andererseits stimmt aber auch das Klima, besonders im Nationalpark Abisko. Der Himmel ist meistens klar, weil die Wolken aus Westen nicht über die Berge kommen. Darüber hinaus gibt es in der Nähe keine Städte, die Lichtverschmutzung verursachen. Deshalb sind selbst schwache Schimmer sichtbar – vor allem im Herbst vor dem Schneefall, wenn die Nächte pechschwarz sind.

← Faszinierendes Schauspiel: Die Nordlichter bewegen sich über den Nachthimmel.
↙ Die Samen verknüpfen vielerlei Legenden mit der *Aurora Borealis*.
↓ In der Aurora Sky Station wartet es sich besonders gemütlich.

Die Polarlichter entstehen, wenn elektrisch geladene Teilchen der Sonne in der Erdatmosphäre zusammenstoßen. Die Art der beteiligten Gaspartikel bestimmt dabei die Farben: Der niedrig liegende Sauerstoff verursacht den am häufigsten vorkommenden grünen Schimmer, Rot wird durch Sauerstoff in der Atmosphäre erzeugt, und die Lilanuancen stammen von Stickstoff.

Wann sieht man das Nordlicht?

In Schwedens hohem Norden sind die Nächte ab September dunkel genug, damit die *Aurora borealis* zur Geltung kommt. Die ersten Sichtungen machen die Bewohner der nördlichsten Orte, darunter Kiruna und Abisko, weit über dem Polarkreis. Im Dezember und Januar ist das Nordlicht in ganz Schwedisch Lappland sichtbar, also auch in den Gebieten am Polarkreis und darunter. An klaren Abenden ist die beste Zeit für Nordlichter zwischen 18 Uhr und 2 Uhr nachts. Am kräftigsten sind die Nordlichter laut Statistik zwischen 22 und 23 Uhr. Mit diesen Zeiten im Hinterkopf kann man Nordlichtjagden also auch im Oktober oder Februar planen, wenn Nordschweden noch bzw. wieder ein paar Lichtstunden hat. So besteht die Möglichkeit, tagsüber Ausflüge zu unternehmen, bevor man abends auf das Polarlicht wartet.

Exotischer Zeitvertreib

Bei Nordlichtjagden geht es also um die Herausforderung, möglichst lange nahe der Natur zu sein und sich dabei warm zu halten. Die flexibelste Lösung ist ein Mietauto als private Expeditionskapsel: Damit kann man beliebig lange zwischen Kiruna und Riksgränsen herumfahren und sich mit grünem Tee aus der Thermoskanne wach halten. Vorhersage-Apps und die Facebookseite »Norrsken« helfen bei der Planung (www.facebook.com/norrskensverige, www.swedishlapland.com/northern-lights).

Beliebte Aktivitäten für die Wartezeit sind außerdem geführte Wanderungen, Fototouren und Huskyschlittenfahrten. Die Hunde, denen das Rennen im Blut liegt, ziehen Schlitten mit bis zu vier Passagieren. Nur das Tapsen der Pfoten und das Knirschen der Kufen im Schnee ist zu hören. Der Blick auf den Himmel ist frei, und wenn sich das Polarlicht zeigt, ist die Lapplandmagie perfekt. Es gibt aber auch exklusive Angebote wie das Vier-Gänge-Dinner in der Aurora Sky Station oder die Schneemobilfahrt zum Aurora Dome, einem riesigen, komfortabel eingerichteten Zelt mit durchsichtiger Decke.

48

NORDISCHER URWALD

NATIONALPARK MUDDUS

Der 500 Quadratkilometer weite Nationalpark umfasst einen faszinierenden Urwald. Aufgrund des unwegsamen Geländes wurden die Flüsse nie zum Flößen genutzt und keine Bäume abgeholzt. Zu Fuß kommt man aber trotzdem vorwärts: Über Holzbohlen durch Feuchtgebiete zu wandern, wird hier zum »Muddus operandi«.

Mitten in der stillen Wildnis des Nationalparks Muddus (samische Schreibweise: »Muttos«) glitzert der See Muddusjaure. Er ist von Feuchtgebieten und unberührtem Urwald umgeben. Von dort fließt Wasser über den 54 Kilometer langen Fluss Muddusälven ab. Rauschend strömt er durch tiefe Schluchten, die seit der Eiszeit beharrlich ausgespült wurden. Das gesamte Gebiet ist leicht geneigt, wodurch ständig Wasser von den Feuchtgebieten in die Wasserläufe sickert, die Meter für Meter an Stärke gewinnen. Der Canyon Moskoskoru ist mit hundert Metern der tiefste – ein ehrfurchterregender Anblick.

Beim Doppelwasserfall Muddusfallen stürzt das Wasser schließlich aus einer Höhe von 42 Metern geradewegs in einen kleinen runden See. Diese bedeutende Sehenswürdigkeit liegt etwa zehn Kilometer vom südlichen Eingang entfernt und lässt sich überraschend leicht erwandern. Das komplexe Wassersystem verleiht dem sonst so ruhigen und unberührten Nationalpark Leben und Dynamik sowie eine sanfte Geräuschkulisse.

Vogelschutzgebiete

Während der Sommermonate ist der Zutritt zum See Muddusjaure und zu den umliegenden Gebieten verboten, denn dann kommen um die 115 Vogelarten zum Brüten in das Vogelschutzgebiet. Ein weiteres, viel kleineres Schutzgebiet befindet sich ganz im Süden des Nationalparks. Beide lassen sich von Aussichtspunkten überblicken, sodass man als Besucher trotzdem am regen Treiben von Zwergsägern, Spießenten und Kornweihen teilhaben kann. Der Singschwan gilt als Symbol von Muddus. Als der Nationalpark 1942 errichtet wurde, war die Art in Schweden noch sehr selten.

Der Aussichtsturm »Muttosluoppal« erhebt sich irgendwo im Nirgendwo. Drumherum breitet sich eine nordschwedische Taiga aus. Ja, man spricht auch in Schweden von Taiga: dem gigantischen Teppich aus borealem Nadelwald, den Mutter Natur durch Sibirien und bis an die Beringstraße ausgerollt hat. Der Großteil des Landes ist davon bedeckt, doch weiter südlich werden die Wälder meistens forstwirtschaftlich genutzt. Hier im Nationalpark Muddus hingegen konnte sich die Natur unberührt entwickeln: Nur Wind und Waldbrände haben Bäume umgestürzt. Man hat eine noch lebende Waldkiefer auf das Jahr 1270 datiert. Weil die Bäume im hohen Norden so langsam wachsen, werden ihre Stämme nicht besonders dick. Die Jahresringe liegen dicht an dicht hinter der uralten Rinde.

← Schritt für Schritt durch das nordische Feuchtgebiet: Dank Holzbohlen kommt man trockenen Fußes voran.
↓ Der Singschwan ist das Symboltier des 1942 eingeweihten Nationalparks.

INFO

ERREICHBARKEIT
Über die Landstraße E45 und eine Abzweigung beim Kraftwerk von Ligga kommt man zum Parkplatz Skaite. Dort beginnt der Wanderweg am Fluss Muddusälven entlang. Er führt hin zu den sehenswerten Wasserfällen und dem Aussichtsturm in der Mitte des Nationalparks. Auch Picknicktische und Rasthütten stehen bereit.

JOKKMOKK
Eine halbe Fahrstunde südlich vom Nationalpark Muddus liegt der Ort Jokkmokk, der das Zentrum der samischen Kultur in Schweden bildet. Jedes Jahr im Februar findet dort ein bunter Markt statt. Das »Fjäll- und Samenmuseum« Ájtte gibt das ganze Jahr über Einblicke in das Zusammenspiel von Natur und Kultur im UNESCO-Weltkulturerbe Laponia. www.laponia.nu

49

SCHWEDENS NÖRDLICHSTER ARCHIPEL

HAPARANDAS INSELWELT

Ganz im Norden Schwedens sind noch einmal Hunderte Inseln in den Bottnischen Meerbusen gestreut. Kein felsiger Schärengarten mit Klippen, sondern ein fast tropisch anmutender, sandiger und sonnenverwöhnter Archipel. Die äußersten Inseln bilden den Nationalpark »Haparanda Skärgård«.

Der Archipel von Haparanda umfasst 652 Inseln. Sie sind flach und bestehen überwiegend aus Sand und Moränen – ganz anders als die gneis- und granitlastigen Schärengärten im Süden. Deswegen ist auch der Begriff »Archipel« zutreffender. Durch die Landhebung, die nach dem Abschmelzen der Eiszeit eingesetzt hat und noch immer anhält, sind die Inseln »erst« in den vergangenen 1500 Jahren aufgetaucht. Jedes Jahr steigt die Landmasse weitere 8,5 Millimeter aus dem Wasser.

Sandskär und Seskarö

Haparandas Inselwelt ist weitgehend unberührt, weil man fast nur mit Freizeitbooten herumkommt. Immerhin erreicht man die zwei größten Inseln ohne eigene Jacht: Sandskär und Seskarö. Erstere liegt 30 Kilometer vor Haparanda und wird im Sommer von Fähren angefahren, während die andere über Brücken mit dem Festland verbunden ist.

Auf Sandskär findet man eine artenreiche Tierwelt vor. Es gibt eine Vogelstation, wo Seidenschwänze, Schwanzmeisen und viele andere Exemplare beringt und beobachtet werden. Ganze 250 Arten wurden auf Sandskär schon gesichtet. Viele Zugvögel machen Zwischenlandung, und es kommt zu außergewöhnlichen Begegnungen zwischen nördlichen und südlichen Arten. Die Gruppe der Säugetiere ist mit Kegel- und Ringelrobben vertreten. Lange bevor 1995 ein Großteil des Schärengartens zum Nationalpark erhoben wurde, haben Menschen von Sandskär und den nahen Inseln aus gefischt und gejagt. Im Winter ging man aufs Eis hinaus, um Robben zu erwischen, und im Sommer wurden Lachse und Heringe aus dem Wasser gezogen. Rote Fischerhütten und eine Kapelle aus dem 18. Jahrhundert erinnern an diese frühen Gäste. Bis heute wird in den Schären von Haparanda geangelt, allerdings eher auf Lavaret, Zwergmaräne und Lachs.

Auch die Flora auf Sandskär ist überraschend vielseitig. Hohe Dünen wechseln sich mit Heideland und Gebüsch ab. Da gedeihen beispielsweise Sanddorn und Wacholder, aber man streift auch durch Wälder mit Kiefern, Birken und Espen. Ein fünf Kilometer langer Wanderweg führt vom ehemaligen Fischerdorf Kumpula bis zur Sandbank namens Nordrevet mit langen, flachen Badestränden. Wie ein Finger zeigt die längliche Landzunge ins Meer. Dank der Landverbindung ist Seskarö leichter zugänglich und hat etwa 500 Einwohner. Mit Ferienhäusern, Campingplatz, Kirche und Restaurant ist auch für Urlaubsgäste für das Nötigste gesorgt.

INFO

ANREISE & ÜBERNACHTEN

Im Sommer verkehren die Fähren (»Turbåt«) der Reederei Innala zwischen dem Hafen Nikkala bei Haparanda und den Inseln Sandskär und Torne furö (separate Fahrpläne). Auf Sandskär werden einfache Hütten für bis zu 4 Personen vermietet. Im Internet und bei der Touristeninformation in Haparanda kann man Fahrkarten lösen und Unterkünfte buchen. www.innala.se

GRENZREGION

Haparanda liegt am Fluss Torneälv, der Schweden von Finnland trennt. Zusammen mit dem größeren Ort Tornio (schwedische Schreibweise »Torneå«) bildet es eine grenzüberschreitende Zwillingsstadt mit insgesamt 28.000 Einwohnern. Die ganze Region Tornedalen hat durch den engen Kontakt der beiden Länder eine besondere Identität. Etwa 50 Kilometer flussaufwärts liegt das kreative Arthotel Tornedalen. www.haparandatornio.com, www.arthoteltornedalen.se

← Der Archipel von Haparanda ist weitgehend unberührt. Nur Sandskär (im Bild) und Seskarö können im Sommer ohne Freizeitboot erreicht werden.
↑ Die roten Hütten auf Sandskär sind Zeugen einer jahrhundertealten Fischereitradition.

50

KÜSTENSTADT MIT INSELN

RUND UM LULEÅ

Mit knapp 50.000 Einwohnern ist Luleå für nordschwedische Verhältnisse eine Metropole und rangiert selbst im schwedenweiten Vergleich unter den 25 größten Städten. Unglaublich, wie sich die Gegebenheiten unterscheiden: In Deutschland wäre eine Großstadt gleichen Ranges fünf- bis sechsmal so groß.

Urlauber auf der Suche nach Erholung in der Natur können getrost auch schwedische Städte ansteuern, denn die grüne oder blaue Landschaft beginnt selbst dort gleich um die Ecke. Luleå bildet da keine Ausnahme: Ein Blick auf die Karte verrät, dass vor der Hafenstadt über 1300 Inseln und Felsen in der Ostsee liegen. Im Sommer macht ein regelmäßiger Fährenverkehr die Schären leicht erreichbar. Die Boote legen bei Södra Hamnplan ab und bedienen die Inseln Sandön, Hindersön, Brändöskär, Småskär, Kluntarna und Junkön. Dabei ist Sandön die nächste, größte und am dichtesten besiedelte Insel, während Brändöskär mit dem gleichnamigen Naturschutzgebiet ganz draußen im Meer und etwa 40 Kilometer von der Stadt entfernt liegt. Auf vier Inseln – Brändöskär, Småskär, Kluntarna und Junkön – vermietet die Stadt insgesamt zwölf Ferienhäuschen.

Selbst im Winter ist der Schärengarten von Luleå voller Leben, denn dann lädt das dicke Natureis zu allerlei Spiel und Spaß auf arktische Weise ein. Man kann Schlittschuhlaufen, Skifahren, sich in einen Hundeschlitten setzen, per Schneemobil durch die Landschaft preschen oder sich im Eisangeln versuchen. Sogar Autos fahren über das Eis, zum Beispiel zur Insel Hindersön, wo das ganze Jahr über Landwirtschaft betrieben wird.

Zehn Kilometer flussaufwärts liegt das UNESCO-Weltkulturerbe Gammelstad, die »alte Stadt«. Im 14. Jahrhundert, als die Landmasse noch einige Meter tiefer lag, wurde dort ein Kirchendorf gegründet und später um Marktplatz und Hafen erweitert. Doch um 1649, nachdem die Landhebung das Einlaufen der Schiffe unmöglich gemacht hatte, zog die Siedlung an den heutigen Standort um.

Abstecher nach Kalix

Etwa 80 Kilometer – oder zwei Buchten – weiter nordöstlich mündet der Kalixälven in den bottnischen Meerbusen. Der Küstenort Kalix ist vor allem für die Delikatesse *Kalix Löjrom* bekannt: orange-roter Kaviar mit einem milden Geschmack, der als erstes Lebensmittel aus Schweden eine geschützte Ursprungsbezeichnung erhalten hat.

Wer dem Kalixälven gen Norden folgt, findet einige gute Angelstellen. Als einer von nur vier sogenannten Nationalflüssen in Schweden ist er von der Wasserkraftnutzung ausgenommen, sodass alle natürlichen Stromschnellen erhalten geblieben sind. Das beste Beispiel ist der Wasserfall Jockfallet, der sich nach hundert Kilometern rauschend ankündigt.

← Zwischen Kalix und dem Wasserfall Jockfallet liegt der Ort Överkalix, ebenfalls am naturbelassenen Fluss Kalixälven.
↓ »The 7th Room« ist eines der exklusiven Baumhäuser des berühmten Treehotels.

INFO

ANGELN GEHEN

Mit vier naturbelassenen Nationalflüssen ist Nordschweden ein Paradies für Angler. Der Luleälven gehört zwar nicht dazu, wohl aber der nahe Kalixälven. Mehrere lokale Fischer bieten Ausflüge an, darunter Fredrik Lindvall von Kalix Jakt & Fisketurism. Mit seiner Hilfe hat sich schon so mancher Gast den Traum vom großen Hecht, Lachs oder einer Äsche über dem Lagerfeuer erfüllt (Tel. 0046/73/337 44 53). www.kjoft.com

WELTBERÜHMTE BAUMHÄUSER

Eine Fahrstunde nördlich von Luleå liegt das 600-Seelen-Dorf Harads, das durch einen Visionär weltbekannt geworden ist: Kent Lindvall hat 2010 das Treehotel mit sieben luxuriösen Baumhäusern gegründet, wo schon Promis wie Kate Moss, Elijah Wood und Justin Bieber abgestiegen sind. Vor wenigen Jahren wurde in der Nähe außerdem das Wellnesshotel Arctic Bath eröffnet.
www.treehotel.se, www.arcticbath.se

SPECIAL
NATUR- UND KULTURERBE

LAPONIA – DAS LAND DER SAMEN

Als eine von wenigen UNESCO-Welterbestätten wird Laponia von Ureinwohnern bewohnt. Die Samen leben traditionell von der Rentierzucht, sodass sich ihr Alltag und die Jahreszeiten nach dem Rhythmus der zahmen Tiere richten. Wer respektvoll reist, bekommt Einblicke in den einzigartigen Lebensstil.

Im Jahr 1996 wurden vier Nationalparks und zwei große Naturreservate in Europas größter zusammenhängender Wildnis zur Welterbestätte Laponia zusammengeflickt. Argumente für die Ernennung sah die UNESCO in der landschaftlichen Schönheit, dem Artenreichtum und der einzigartigen Geologie, an der man ablesen kann, wie sich die Erde entwickelt hat und es weiterhin tut. Laponia ist aber kein reines Weltnaturerbe, sondern auch ein Weltkulturerbe. Denn trotz seines wilden Charakters ist das Gebiet bewohnt und wird seit Jahrtausenden als Kulturlandschaft genutzt: vom Urvolk der Samen nämlich, das traditionell von der Rentierzucht lebt.

← Der Lebensrhythmus der Rentiere bestimmt den Alltag der Samen.
↙ Die Trachten der Samen sind Tiefblau und mit Rot und Gelb dekoriert.
↓ Getrocknetes Rentierfleisch, präsentiert in einem Holzgefäß namens Guksi

Die Samen bewohnen Teile von Schweden, Norwegen, Finnland und Russland. Das Parlament der Samen in Schweden (Sametinget) geht davon aus, dass es heutzutage im Land zwischen 20.000 und 40.000 Samen gibt und weltweit 80.000 bis 100.000. Ihr grenzüberschreitendes Siedlungsgebiet wird als Sápmi bezeichnet – das »Land der Samen«. Die meisten schwedischen Samen leben in der historischen Provinz Lappland, die etwa ein Viertel der Landfläche ausmacht.

Im Rhythmus der Rentiere

Obwohl viele Samen mittlerweile ein modernes, sesshaftes Leben führen, ist die Rentierhaltung weiterhin ein zentraler Wirtschaftszweig. In Schweden gibt es 51 wirtschaftliche Zweckgemeinschaften samischer Rentierzüchter *(sameby)*, die jeweils ein bestimmtes, lang gestrecktes Gebiet zwischen Fjäll und Küste als Weideland nutzen. Seit jeher wird das ganze Tier verwertet: natürlich das Fleisch, aber auch Fell, Knochen und Geweih. Die nicht essbaren »Reste« werden beim traditionellen Kunsthandwerk namens »Duodji« – oft in Kombination mit dünnen Zinnfäden – zu Schmuck, Taschen und Wohnaccessoires verarbeitet.

In Anlehnung an den Lebensrhythmus der Rentiere unterteilen die Samen das Jahr nicht in vier, sondern in acht Jahreszeiten. Frühling und Herbst – die in ganz Schweden kurz sind – belegen dabei jeweils eine Jahreszeit, während Sommer und Winter in je drei Teilphasen organisiert sind.

Verantwortungsbewusster Ökotourismus macht den naturverbundenen Lebensstil auch Besuchern zugänglich. So kombinieren viele Samen Rentierzucht, Landwirtschaft, Jagen, Fischen und andere Berufe mit Angeboten für Touristen. Das Gütesiegel »Sápmi Experience« steht für nachhaltige Angebote, bei denen Besucher am authentischen Leben der Samen teilhaben (www.swedishlapland.com/sapmi-the-land-of-the-sami/, www.swedishtouristassociation.com/areas/laponia/).

Unter »Duodji« versteht man allerlei Kunsthandwerk, darunter Schmuck aus Leder, Rentierknochen und Zinnfäden.

REGISTER

BILDNACHWEIS

Alle Bilder im Innenteil und auf dem Umschlag stammen von Lisa Arnold außer: 4/5 (shutterstock/queen nature); 6 u. l., 122 u. (Asa Dahlgren); 7 u. r., 162, 166 (Mattias Fredriksson); 8 u. l. (Anders Kivik); 10, 168, 177 o. (Ted Logart); 12, 150 (Simon Paulin/imagebank.sweden.se); 13, 40, 41 (Alexander Hall/imagebank.sweden.se); 14/15 (shutterstock/Shooting Wild Photography); 16 l. (shutterstock/Ekaterina Kondratova); 17 u. r. (lookphotos/TT News Agency); 26 (Apeloga/Christian Andersson); 27 (shutterstock/Photosbypatrik); 29, 30 o. (Conny Fridh/imagebank.sweden.se); 30 u., 31 o., 33 u., 34/35 (Miriam Preis/imagebank.sweden.se); 32 (Anders P. Hansson/imagebank.sweden.se); 33 o. (Apelöga/imagebank.sweden.se); 36 (Per Pixel Petersson/imagebank.sweden.se); 38 o., 38 u., 156 (Linda Åkerberg/www.wilderness-stories.com); 39 u. (lookphotos/Frank von Groen Photography); 42 (shutterstock/Susann Guenther); 43 (mauritius images/Harry Laub/imageBROKER); 44, 45, 53 u. (lookphotos/Meinhardt Olaf); 48, 49 (Oskar Lürén/www.fotografoskar.se); 50, 78 (lookphotos/Lindner, Bastian); 51 (lookphotos/age fotostock); 52 (Frits Meyst/MeystPhoto.com); 53 o. (www.apeloga.se); 60 (mauritius images/William Uzuriaga/Alamy); 64 (lookphoto/Limberger, Bernhard); 65 (shutterstock/Zenita Krantz); 76 (shutterstock/Nicholas Ahonen); 77 (shutterstock/Carl-hampus Lundberg); 79 (shutterstock/Alexanderstock23); 92, 93 (shutterstock/Stefano Bolognini); 100 (Stefan Ågren/imagebank.sweden.se); 101 o. (Apelöga/imagebank.sweden.se); 101 u. (Johan Willner/imagebank.sweden.se); 106 (mauritius images/Zoonar GmbH/Alamy); 108 o., 110, 119, 123 o., 126 (Jonas Ingman); 111 (Tina Stafren); 114, 118, 123 u. (Roger Borgelid); 115 (Katja Ragnstam); 116 (Badass Food Stories); 121, 122 o., 124/125 (Lukasz Warzecha/Westsweden.com); 128 (Viggo Lundberg); 129 (Anders Husa); 130 (Roqer Borqe); 133 (shutterstock/Felix Jorgenfelt); 134/135 (Niclas Vestefjell/imagebank.sweden.se); 140 (shutterstock/Rudmer Zwerver); 142 (shutterstock/Mikael Hjerpe); 143 (shutterstock/Arjen de Ruiter); 144/145 (shutterstock/Scandphoto); 146 (Stefan Geens/imagebank.sweden.se); 148 (Sara Ingman/imagebank.sweden.se); 149 o. (Håkan Vargas S/imagebank.sweden.se); 149 u. (Shutterstock/Ondrej Prosicky); 153 (lookphotos/van Dierendonck, Bernard); 154 o. (shutterstock/Umomos); 154 u. (shutterstock/Scandphoto); 155 o. (hello@tommieohlson.se); 157 (Michael Engman); 158/159, 172, 174/175 (Hans-Olof Utsi); 164 (lookphotos/Cavan Images); 165 (shutterstock/Kristyna Henkeova); 167 (shutterstock/Leif Ingvarson); 169 (shutterstock/Mats Lindberg); 170 (Fredrik Schlyter/imagebank.sweden.se); 171 (Staffan Widstrand/imagebank.sweden.se); 173 (Barbro Sköldenberg); 176 (Chad Blakley); 177 u. (Peter Rosén, LapplandMedia AB); 178 (@HobbitPilgrim/Alamy Stock Photo); 179 (Ola Jennersten); 180, 181 (shutterstock/Sebw); 190/191 (shutterstock/Petr Kahanek)

Umschlagnachweis: Vorderseite: In dramatischer Lichtstimmung fließt der Abiskojåkka im Abisko Nationalpark daher (mauritius images/Robert Haasmann/imageBROKER); Rückseite (v.l.n.r.): Gleich neben Stora Gåsemora Gård liegt ein Reiterhof mit Islandpferden (S. 69); Wanderung durch Ramsvikslandet an der Westküste, auch "Reich der Klippen" genannt (Lukasz War); Glühender Sonnenuntergang auf Gotland, bei Nyhamns Fiskeläge (Lisa Arnold); Dalsland ist auch die Heimat der Glashäuschen, in denen man eins mit der Natur wird (S. 131).
Seite 4/5: Die größten und stärksten Stromschnellen in Storforsen;
Seite 190/191: Das abgelegene Rapa-Flusstal von der Spitze des Skierfe im Sarek-Nationalpark, Lappland.

IMPRESSUM

Verantwortlich: Maren Langendorff
Lektorat: Helga Peterz
Layout: BUCHFLINK Rüdiger Wagner
Korrektorat: Christiane Gsänger
Karte: Huber Kartographie, Heike Block
Repro: LUDWIG:media
Herstellung: Alexander Knoll
Printed in Polland by CGS Printing

Sind Sie mit diesem Titel zufrieden? Dann würden wir uns über Ihre Weiterempfehlung freuen.
Erzählen Sie es im Freundeskreis, berichten Sie Ihrem Buchhändler oder bewerten Sie bei Onlinekauf. Und wenn Sie Kritik, Korrekturen, Aktualisierungen haben, freuen wir uns über Ihre Nachricht an Bruckmann Verlag, Postfach 40 02 09, D-80702 München oder per E-Mail an lektorat@verlagshaus.de.

Unser komplettes Programm finden Sie unter

www.bruckmann.de

In diesem Buch wird aus Gründen der besseren Lesbarkeit das generische Maskulinum verwendet. Weibliche und anderweitige Geschlechteridentitäten werden dabei ausdrücklich mitgemeint, soweit es für die Aussage erforderlich ist.

Die Deutsche Nationalbibliothek verzeichnet diese Publikation in der Deutschen Nationalbibliografie; detaillierte bibliografische Daten sind im Internet über http://dnb.d-nb.de abrufbar.

2. Auflage

ISBN: 978-3-7343-2508-3